Gabriele Zeiss, Jahrgang 1948, ist ausgebildete Krankenschwester, verheiratet und Mutter von zwei erwachsenen Kindern. Im Alter von 23 Jahren hatte sie einen schweren Verkehrsunfall mit Nahtod-Erfahrung. Seitdem beschäftigt sie sich eingehend mit spirituellen Themen und ließ sich unter anderem in indianischer Massage, hawaiianischer Lomi-Lomi Massage (Penny Prior), hawaiianischem Schamanismus, Atemtherapie sowie Kinesiologie »Three in one« Ausbilden. Zudem ist sie Lehrerin für Autogenes Training und Meditation und Autorin des Buches »Babyfitness« sowie Mitautorin des Buches »Geburtsvorbereitung«.

Wenn man im Nachhinein seinen Lebensweg Revue passieren lässt, kann man oft feststellen, dass man immer genau dahin geführt wurde, was man auf seinem Weg der Entwicklung gebraucht hat. Es zeigt sich, dass dieser Weg ganz chronologisch verlief, dass man keine Abkürzung hätte wählen können, dass es keinen Umweg gab. Alles, was uns geschieht, hat seinen Sinn, gehört zu unserem einzigartigen Lebensplan. All die vielen Erfahrungen, welche man machen durfte, führen letztlich nur zu einem Ziel: bei sich anzukommen. Das bedeutet: Überwindung des Trennungsgedanken und Erfahren des »Eins-Seins«. Erst wenn das Wissen, wie man so schön sagt, »ins Herz fällt«, wenn es intuitiv erfasst und gefühlt werden kann, kommt es zu einem wirklich tiefen Verstehen. Das Buch möchte den Leser einladen, sich der ihm innewohnenden Weisheit zu bedienen, um herauszufinden, was das entsprechende Element ihm ganz persönlich zu sagen hat. Es geht nicht darum, eine neue Lehre, neue Techniken zu vermitteln, sondern zu ermuntern, sich selbst besser kennenzulernen, auf die ureigene Stimme zu hören und zu vertrauen und dadurch sich selbst, die eigenen Hintergründe, warum was zu welcher Zeit passiert, zu verstehen und mit diesem Wissen weiter voranzugehen und zu wachsen.

Gabriele Zeiss

Numerologie, Elemente und innere Reisen

Erkenne dich selbst im Rad der Energien

Originalausgabe
© 2009 Schirner Verlag, Darmstadt

Alle Rechte der Verbreitung, auch durch Funk, Fernsehen und sonstige Kommunikationsmittel, fotomechanische oder vertonte Wiedergabe sowie des auszugsweisen Nachdrucks vorbehalten

ISBN 978-3-89767-659-6

1. Auflage 2009

Redaktion: Michael Zuch, Heike Wietelmann
Satz: Michael Zuch, Frankfurt am Main
Umschlaggestaltung: Murat Karaçay
Printed by: Reyhani Druck und Verlag, Darmstadt, Germany

www.schirner.com

INHALT

Vorwort

Als ich mit 23 Jahren einen schweren Verkehrsunfall mit Nahtoderfahrung hatte, begann ein langer Weg der Suche. Aus heutiger Sicht kann ich sagen, dass ich in jeder Situation immer genau zu dem geführt wurde, was ich auf meinem Weg der Ent-wicklung gebraucht habe und was ich zum entsprechenden Zeitpunkt in der Lage war, zu erkennen und umzusetzen. Es zeigt sich, dass dieser Weg ganz chronologisch verlief, dass ich keine Abkürzung hätte wählen können, dass es keinen „Umweg" gab. Ich erlebte es an mir selbst: Alles, was uns geschieht, hat seinen Sinn, gehört zu unserem einzigartigen Lebensplan. Und so bin ich dankbar für die vielen Erfahrungen, die ich machen durfte, für die unterschiedlichen Wege, die letztendlich alle das eine große Ziel haben: bei mir anzukommen. Das bedeutet Überwindung des Trennungsgedanken und die Erfahrung des Einen Seins.

Alle Wege führen nach innen, zum inneren Meister, in den Raum der Stille, des Ursprungs. Auf der Suche nach dem Sinn unseres Lebens wünschen wir uns oft ein wenig mehr Verständnis für die Zusammenhänge. Unser Verstand benötigt Wissen, intellektuelle Zusammenhänge, und das ist gut so. Aber dies ist nur eine Ebene. Die andere Ebene ist die der intuitiven Erfahrung. Erst wenn das Wissen, wie man so schön sagt, „ins Herz fällt", wenn es intuitiv erfasst und gefühlt werden kann, kommt es zu einem wirklich tiefen Verstehen. Die Urenergie, Essenz, das Eine, die Natur, Gott, wie immer Sie es nennen wollen, hat uns mit beidem ausgestattet, auf dass wir beides nutzen. In unserer Gesellschaft wurde und wird noch größerer Wert auf intellektuelles Wissen gelegt. Das immense Potenzial des inneren, intuitiven Wissens um die großen Zusammenhänge, das in jedem von uns schlummert, wird nicht erkannt, milde belächelt oder rigoros abgelehnt. Doch der Zeitgeist bringt es mit sich, dass eine Bewusstseinsänderung eintritt. Viele Menschen sind ausgebrannt, orientierungslos, suchen neue Werte. Es besteht der Wunsch, sich selbst und andere besser zu verstehen. Um sich diesem Thema zu nähern, gibt es viele Möglichkeiten. Eine davon ist die Auseinandersetzung mit den Elementen, die unser ganzes Dasein prägen. Ohne die Elemente gäbe es das Leben, so wie es ist, nicht. Jeder Körper setzt sich aus den Elementen zusammen, und wenn diese ins Ungleichgewicht geraten, kann dies erhebliche Folgen nach sich ziehen.

Eine innere Auseinandersetzung mit den Elementen öffnet uns einen Zugang zu einem tiefen Wissen um die Zusammenhänge der Welt und des Lebens. In diesem Buch möchte ich beiden Seiten gerecht werden – dem intellektuellen Wissen und den tiefen intuitiven Erfahrungen.

So werde ich jedes Element kurz, soweit es für den Einfluss auf die Numerologie wichtig ist, vorstellen. Die ganz ureigene Erfahrung, das intuitive Wissen um die Resonanz zu den Elementen jedoch kann jeder nur in sich selbst finden. Dazu sollen die inneren Reisen und die unmittelbare Erfahrung in der Natur dienen. Das gleiche gilt in der Numerologie dort, wo die Berechnungen und Zuordnungen den Intellekt ansprechen, die wirklichen Zusammenhänge und das tiefe Erkennen aber auf der intuitiven Ebene stattfinden. Beide Seiten zusammengefügt und wertgeschätzt, ermöglichen die Erfahrung, dass sie ein großes Ganzes bilden.

Dies ist einer der vielen Wege, durch die das Göttliche sich ausdrückt. Wege, die zu bestimmten Zeiten einfach da sind, und die wir vertrauensvoll gehen dürfen. Wege, die dazu dienen, uns selbst besser zu verstehen, uns in unserem So-Sein anzunehmen. Im tiefen Verständnis dessen, dass wir genau so, wie wir sind, gemeint sind, dass das Göttliche sich in eben dieser Einzigartigkeit durch uns ausdrückt, dass wir dieses Göttliche sind, und aufhören können mit der Suche nach dem anderen, das wir glauben, sein zu wollen.

ÜBER DIE ENTSTEHUNG DES BUCHES

Manchmal geht das Leben seltsame Wege. Es war nicht meine Absicht, ein Buch zu veröffentlichen. Ich hatte meine Erfahrungen aufgeschrieben, wie die Natur und mein Sein sich mir mitteilten, um Freunde daran teilhaben zu lassen, nachdem ich damit über lange Zeit an mir selbst gearbeitet hatte. Ich hatte sie, wenn sie es wünschten, unterstützt, ihr Element zu finden und etwas mehr über sich zu erfahren. Bis dann eines Tages diese Seiten den Weg zu Jeanne Ruland fanden. Von da an war sie die treibende Kraft, um dieses Projekt auf den Weg in die Öffentlichkeit zu bringen. Uns beide, Jeanne und mich, verbindet die Liebe zur Natur, zu den Elementen, zu den „Dingen hinter den Dingen".

Dies ist kein Buch über Rituale, und die Erklärungen zu den Elementen sind bewusst knapp gehalten. Es gibt einige sehr gute Bücher, die das Thema Elemente ausführlich darstellen.

Ich möchte Sie vielmehr dazu einladen, sich der Ihnen innewohnenden Weisheit zu bedienen, um herauszufinden, was das Ihnen entsprechende Element Ihnen ganz persönlich zu sagen hat.

Dies gelingt erfahrungsgemäß am besten mitten in der Natur. Still zu werden und dem zu lauschen, was sich Ihnen offenbart, sind überwältigende und tief beglückende Erfahrungen, die es anzunehmen und nicht gleich wieder anzuzweifeln gilt.

Schon als Kind habe ich mich in der Natur, besonders am Meer oder im Wald, am wohlsten gefühlt. Daran hat sich bis heute nichts geändert. Ich liebe es, allein in der Natur unterwegs zu sein und finde mich dann sehr schnell im Zwiegespräch mit den Elementen. Als meine tiefe Auseinandersetzung mit den Elementen im Zusammenhang mit der Numerologie begann, erkannte ich, dass ich vorrangig das Element Feuer, aber auch das Element Luft zu entwickeln habe. Ganz intuitiv hatte ich mich also zu meinen Unterstützungselementen Wasser und Erde hingezogen gefühlt. Dann erfuhr ich das große Glück, Orte der Kraft aufsuchen zu dürfen, die mich nun auch intensiv mit dem Element Feuer konfrontierten – Lanzarote und Hawaii. Die intensive Energie der Elemente habe ich so stark verinnerlichen können, dass sie auch heute noch jederzeit abrufbar ist. An diesen Orten begann ein intensives Lernen, Fühlen und Verstehen der Zusammenhänge. Die Essenz der Elemente und wie sie sich auf meinen Lebensplan auswirkt, teilte sich mir mit.

Das intellektuelle Wissen wich einem tiefen Verständnis. Der Grundstein für die sich später daraus entwickelnde Numerologie im Zusammenhang mit den Elementen war gelegt.

Wegen einer persönlichen Thematik folgte ich einige Zeit darauf dem Vorschlag einer Freundin, gemeinsam ein Medium aufzusuchen. Eher skeptisch machte ich mich auf den Weg. Doch gleich der erste Satz, den ich zu hören bekam, erzeugte eine Gänsehaut – es war ein Volltreffer. Damit war die ungelöste Frage zu meinem Thema aber bereits beantwortet. Das hatte Vertrauen in mir bewirkt. Dann folgte: „Du wirst dich mit Numerologie auseinandersetzen!" Ich dachte, ich höre nicht recht. Es sollte bestimmt Fotografie heißen, denn meditativer Fotografie und entsprechenden Texten galt meine ganze Liebe und Aufmerksamkeit. Aber nein: Es war wirklich Numerologie! Als Zusatz kam dann: „Du brauchst dich jetzt gar nicht auf numerologische Bücher zu stürzen, um dich in das Thema einzuarbeiten. Es wird eine andere Form der Numerologie sein – sie hat mit den Elementen zu tun. Zu gegebener Zeit wirst du damit konfrontiert. Du wirst alles erfahren, was du wissen musst. Sei wachsam, sei achtsam, sei bereit!" In mir breitete sich zunächst Widerstand aus. Elemente – ja, aber Numerologie ? – nein!

Und doch war meine Neugier geweckt. Ich fand in der Literatur Hinweise auf die uralte Zuordnung der Zahlen zu den Buchstaben. Die alten Kulturen der Ägypter, der Maya, der Chinesen, die Hebräer – alle wendeten die Numerologie an. Pythagoras sah die Zahl als Wesen aller Dinge.

Herbert Reichstein hat in seinem Buch „Praktisches Lehrbuch der Kabbala" eine tabellarische Zuordnung der Zahlen zu den Buchstaben des lateinischen Alphabets erstellt. Es gibt – neben dem kabbalistischen – etliche andere Berechnungssysteme, die auf Mystiker verschiedener Kulturen zurückgehen. Als ich später begann, mich intensiv mit der Numerologie auseinanderzusetzen, habe ich mich bei der Anwendung für Reichsteins Berechnungssystem und einen Teil der traditionellen Zuordnungen entschieden. Im Weiteren habe ich aber ganz den inneren Informationen, die in dieser Form der Numerologie der Elemente zur näheren Erläuterung nur die Zahlen O bis 9 berücksichtigen, vertraut.

Damals beließ ich es bei einem flüchtigen Einblick in die Welt der Numerologie. Dann erhielt ich nachts, vom Verstand nicht nachvollziehbar, die komplette Zuordnung der Elemente zu den Zahlen von O bis 9. Von da an kam ich auch tagsüber nicht mehr von dem Thema los. Dies war, so kann ich heute sagen, vor vielen Jahren die Geburtsstunde dieses Buchs, das Sie nun in den Händen halten.

Und nun wünsche ich Ihnen viel Freude bei Ihrer ganz persönlichen Erkundungsreise in Ihr Sein.

Zu Beginn ein wichtiger Hinweis

Alle Erklärungen, alle Unterstützungen, die Numerologie, die inneren Reisen zu den Elementen etc. sind als Hilfe, als Werkzeug auf diesem Weg nach Hause gedacht. Behalten Sie stets im Bewusstsein: Dieser Weg ist ein Entwicklungsprozess. Er benötigt seine Zeit. Es ist wichtig, sich freizumachen von Erwartungsdruck und zu erkennen, dass Ent-wicklung ein Prozess ist, den keine Technik der Welt forcieren kann. Den richtigen Zeitpunkt für den Beginn, aber auch für jeden weiteren Schritt auf diesem Weg bestimmt allein unsere innere Weisheit. Irgendwann – und dieses Irgendwann muss nicht in ferner Zukunft liegen, es kann hier und jetzt, in diesem Augenblick sein – sind keinerlei Techniken, keine Erklärungen, keine Hilfestellungen mehr erforderlich. Dies zu erkennen, ist das Erkennen des wahren Zustands. Gleich, welche Technik, welche Unterstützung wir anwenden, sollten wir uns stets bewusst sein, dass dies lediglich ein bestimmtes Konzept ist, das zum gegenwärtigen Zeitpunkt unserer Entwicklung aber seine absolute Berechtigung hat und uns ein Stück weiterführt, bis wir nichts dergleichen mehr benötigen. Das Sein im Sinne des Zuhauses, zu dem wir uns auf den Weg machen, ist frei von Konzepten und Vorstellungen.

Eines Nachts meldete sich meine innere Stimme wieder einmal. Ein einziger Satz, klar und deutlich, machte mich hellwach.

> DAS WICHTIGSTE IN DEINEM LEBEN IST, DICH ZU FINDEN!
> NUR WENN DU WEISST, WER DU WIRKLICH BIST, KANNST DU AUFHÖREN, JEMAND SEIN ZU MÜSSEN.

Es klingt so logisch, einfach und selbstverständlich, und man kann sich gar nicht vorstellen, dass man dies nicht sowieso schon immer versucht hat zu leben. Doch wenn man einmal tiefer blickt, wird klar, wie sehr wir in unserer Rolle, mit der wir uns identifizieren, verhaftet sind und wie häufig wir, weil wir glauben, anders sein zu müssen, uns am Außen orientieren.

Man kann sich nicht oft genug bewusst machen, wie wichtig es ist, man selbst zu bleiben, nicht zu versuchen etwas nachzumachen, was man soeben gelesen oder gehört hat, nicht das, was kürzlich in einem Seminar vermittelt wurde, im gleichen Maßstab nachleben zu wollen – damit entfernt man sich meiner Erfahrung nach immer mehr von sich selbst: Man sucht weiter im Außen und achtet nicht auf die innere Stimme.

Es geht in diesem Buch nicht darum, eine neue Lehre oder neue Techniken zu vermitteln, sondern ich möchte Sie ermuntern, sich selbst besser kennenzulernen und dadurch immer mehr zu erkennen, wer Sie wirklich sind.

Jeder Mensch erfährt das, was wir das Göttliche, die Essenz, die Quelle etc. nennen, auf seine ganz eigene Art und Weise. ES drückt sich durch jeden und alles, was ist, in seiner vollkommenen Form aus. Wenn man diese Einzigartigkeit in ihrer ganzen Größe verstanden hat, wird einem bewusst, dass es niemals zwei identische Wege geben kann und jeder Mensch nur die Erfahrung macht, die für seinen Lebensweg und seine Entwicklung erforderlich ist. So lehrt auch jeder Lehrer seine ganz eigene Erfahrung bzw. teilt diese mit seinen Schülern. Und häufig ist es dann ein ganz bestimmter Satz, der bei einem Zuhörer eine konkrete Reaktion auslöst und damit unter Umständen ein ganzes Leben verändern kann. Dieser eine Satz kann in diesem Moment unschätzbar wichtig sein, um den Zuhörer in seiner Entwicklung ein Stück voranschreiten zu lassen. Das bedeutet aber nicht, dass er nun sein Leben ganz auf die Lehren dieses Meisters abstellen sollte, um so zu werden wie dieser. So würde er sich erneut verlieren.

Auch ich erfahre die Welt und mich täglich neu mit allen Höhen und Tiefen. Ich bin weit davon entfernt zu sagen: „Oh, ich habe es gefunden, so geht es, das ist es, nun weiß ich ..." Nach meiner Erfahrung folgt das Leben einem roten Faden, wobei wir viele Dinge zum Zeitpunkt des Geschehens nicht verstehen können und erst im Nachhinein die Zusammenhänge erkennen. Meine Erfahrung ist auch, dass wir in bestimmten Lebensabschnitten scheinbar „zufällig" mit wichtigen Hilfsmitteln und Techniken konfrontiert werden, die unserer Ent-wicklung in diesem Moment dienen können. Auf verblüffende Weise finden offensichtlich nicht wir diese „Handwerkzeuge", sondern sie uns. Das Göttliche gibt uns zum rechten Zeitpunkt diese Hilfsmittel an die Hand. Wenn der jeweilige Schritt vollzogen ist, so ist es angezeigt, die Hilfsmittel loszulassen und ohne sie weiterzugehen. Etwas „stimmt" also für eine gewisse Zeit ganz erkennbar, sodass wir glauben „zu wissen". Wenn später dann die Erkenntnis kommt, dass dieses „Wissen" überholt zu sein scheint, kann dies zunächst sehr irritieren. Doch was glauben wir denn wirklich zu wissen? Das Göttliche drückt sich, wie gesagt, in allem vollkommen aus. Und wenn das so ist, schließt dies alles ein, was ist – also auch unsere Erkenntnis. Aus meiner Erfahrung weiß ich, dass jeder die Welt völlig anders wahrnimmt, dass also die Welt, wie ich sie erfahre, in mir, aus mir heraus entsteht. In Wirklichkeit geht es darum, mich selbst als Ausdruck des Göttlichen und All-Einsseins immer besser zu verstehen. Es geht darum zu erkennen, wer und was ich wirklich bin und dann Gnade geschehen zu lassen – darauf vertrauend, dass diese göttliche Präsenz in mir und durch mich wirkt, mich führt, wenn ich mich führen lasse und den Widerstand, den ich aus Angst vor Kontrollverlust aufgebaut habe, loslasse. Wenn ich der inneren Stimme zuhöre und bereit bin, mich auf sie einzulassen. Wenn ich beginne, mir meine Fehler zu verzeihen. Wenn ich die Vorstellung aufgebe, perfekt, anders sein zu müssen, als ich bin. Sind es nicht besonders unsere Unzulänglichkeiten, die uns auf die Suche nach etwas Größerem gehen lassen? Wer kennt nicht das Gefühl, dass man so, wie man ist, irgendwie nicht in Ordnung zu sein scheint, dass irgendwie alles im Leben schief läuft, dass man diese Vorstellung, jene Gedanken, diese Ängste eigentlich nicht haben sollte. – Was für ein immenser Stress, der mit Schuldgefühlen und Bestrafungsfantasien einhergeht und noch viel mehr Angst und einen nicht enden wollenden Kreislauf auslöst. Wenn wir uns aber bewusst machen, dass genau dieser Zustand, auch wenn er noch so abwegig und unangenehm, in diesem Moment richtig ist, weil er eine Erfahrung für uns bedeutet, die Teil des Lernprozesses in diesem Leben ist, bringt uns dies uns selbst ein großes Stück näher. Es ist befreiend, der gegenwärtigen Situation keinen Widerstand entgegenzusetzen, Ja zu sagen, sich dem zu stellen, was im Moment ist. Ja zu sagen zu dem, was ist, heißt auch, sich selbst auszuhalten, und das ist oft ein außerordentlich schwieriger Prozess.

Es ist wunderbar, einem erwachten Meister zu begegnen, sich gehalten und geführt zu fühlen, wenn die Verwirrung groß ist, Zusammenhänge durch ihn zu erkennen und zu verstehen. Aber bleiben wir uns dabei bewusst, dass dieser Meister unser ganz persönliches Leben nicht für uns leben, unseren Weg nicht für uns gehen kann! Um einem Meister zu folgen, sollten wir innerlich gefestigt sein. Sind wir dies nicht, werden wir versuchen, den Meister zu kopieren, sein Leben leben zu wollen, zu werden, wie er. Dies wird nicht gelingen, weil jeder Lebensplan einzigartig ist. Stattdessen wird es zu Abhängigkeit, Frustration, Schuld- und Versagensgefühlen und teilweise verstärkten Lebensängsten kommen. Vergessen wir also nicht, bei uns, in uns geborgen zu bleiben, nicht im Außen zu suchen, sondern wirklich im Vertrauen darauf, dass Gott sich in einem selbst offenbart, dieser Stimme zu lauschen, nach innen, in die Stille zu gehen und dann dem ganz individuellen Plan, der speziellen Ausdrucksmöglichkeit, die in jedem von uns angelegt ist, zu folgen. Den inneren Visionen, den Geschichten, den Bildern immer mehr zu vertrauen, heißt, sich selbst zu vertrauen, heißt, Gott zu vertrauen. Dazu lade ich Sie herzlich ein. Es geht nicht darum, irgendeine Technik auszuprobieren, sondern wirklich den Aspekten, die sich Ihnen während der inneren Reise offenbaren, zu vertrauen und dadurch sich selbst, die eigenen Hintergründe, warum was zu welcher Zeit passiert, zu verstehen und dann, keine Geschichte daraus konstruierend, weiter vorwärtszugehen.

Bei all den mentalen, spirituellen Techniken, die ich im Laufe meines Lebens ausprobieren konnte (und es waren viele), habe ich erfahren, wie sie oft zunächst eine große Euphorie auslösten („Endlich habe ich es gefunden, endlich verstehe ich alles, endlich weiß ich, was zu tun ist, ...) der jedoch stets die Ent-täuschung folgte. Die Täuschung verfliegt und ich erkenne, dass das Grundthema immer noch da ist, dass die alten Geschichten mich immer noch einholen. Zu jener Zeit bin ich nie auf die Idee gekommen, dass ich in diesem göttlichen Spiel, so wie es ist, genau den Platz einnehme, der mir zugedacht ist und dass ich so, wie ich bin, absolut in Ordnung und vollkommen bin. Was maße ich mir eigentlich an, zu beurteilen und zu bewerten, was richtig und was falsch ist? Was maße ich mir an, mich mit Schuld und Strafe belegen zu wollen oder zu müssen, wenn Gott mich liebt, so wie ich bin? Alles folgt einem Plan und das sogenannte Schlimmste kann sich durchaus als das Beste erweisen, wenn es im großen Zusammenhang erkannt werden darf.

Ich wünsche Ihnen von Herzen, dass Sie Ihre innere Größe, das Göttliche in sich fühlen und das damit verbundene All-Einssein erkennen dürfen. Dann löst sich die Illusion der Polarität von alleine auf. Sie werden den Herausforderungen des Alltags auch weiterhin begegnen und sich ihnen stellen müssen, die über Jahre verinnerlichten Geschichten mit den dazugehörenden Emotionen werden sich immer noch, teilweise auch schmerzlich, melden. Aber Sie werden immer weniger von ihnen beherrscht werden. Immer öfter wird es Ihnen gelingen, in Ihrer Mitte zu verweilen, in diesem Raum des Friedens tief innen, der von allen äußeren Stürmen und Dramen unberührt bleibt, dem Ort Ihrer wahren Essenz. Ein wenig Geduld mit sich selbst ist erforderlich auf diesem Weg und das Vertrauen, dass die Quelle, das Göttliche, der große Geist, die Natur, das Leben, die Energie, die Uressenz oder wie auch immer wir Menschen das Unaussprechliche, Namenlose bezeichnen, nie getrennt von Ihnen existiert hat und immer war und sein wird.

FEUER, WASSER, LUFT, ERDE UND ÄTHER – MANIFESTATIONEN DES EWIG UNMANIFESTIERTEN SEINS

Tanz der Elemente –
ständig sich ändernde Form,
die Wandel zulässt.
Formen auflösen, sich selbst auflösen,
neu ordnen, erschaffen,
in stetem Rhythmus im Fluss bleiben,
alte Strukturen verlassen,
neugierig sein auf das Neue, Veränderliche,
einverstanden sein mit der Veränderung,
Erneuerung.

Unser Planet ist geprägt von den Elementen Feuer, Wasser, Luft, Erde und Äther. Alles, was uns umgibt, ist von ihnen durchwoben, und unser Körper spiegelt ihre Essenz.

Zu ca. 70 Prozent bestehen wir aus dem Element Wasser – unser Blut- und Lymphsystem, alle Körpersäfte unterstehen diesem Element. Knochen, Sehnen, Bänder und Muskulatur werden vom Element Erde regiert. Die Atmung und das Nervensystem werden vom Element Luft getragen, und das Element Feuer schließlich bestimmt unsere Sexualität und die Verdauungsvorgänge. Man könnte sagen: Feuer, Wasser, Luft und Erde formen den materiellen Körper rund um das Herz. In der Mitte des Herzens aber befinden sich Freude und Liebe.

Sind die Elemente Feuer, Wasser, Luft und Erde eher den grobstofflichen Energien im Körper zugeordnet, entspricht das Element Äther dem, was uns wirklich ausmacht, was wir wirklich sind, unserem nie geborenen, nie sterbenden Sein, dem göttlichen Anteil in uns. Jedes Element ist ein Aspekt des großen Einen, göttlichen Seins.

Diese Essenz drückt sich in der Welt der Erscheinungen in unzähligen Formen auf einzigartige Weise aus. Genau so, wie eine Form erscheint, ist sie vollkommen, so darf sie sein. Jede einzelne Zelle, die diesen Körper formt, ist ein Wunderwerk in sich. Es geht darum, unseren Blick, unsere Sichtweise zu verändern, um der Essenz hinter der Form zu begegnen. Die Elemente mit dem Verstand begreifen zu wollen, führt zu nichts. Allzu schnell verliert man sich dabei in Wertungen und Urteilen, stellt neue Konzepte auf: Dies muss so sein, jenes anders, dies ist richtig, jenes falsch. Wenn wir hier verschiedenen Aspekten des Einen Seins einen Namen geben und versuchen, diese in ihrer Ausdrucksweise zu beschreiben, bedeutet das nicht, dass Sie, lieber Leser, dies als Lehrstoff unverändert übernehmen sollten, um neues Wissen anzuhäufen und damit neue Konzepte zu manifestieren. Sich immer mehr spirituelles Wissen einzuverleiben, hält im Kopf gefangen. Das rein verstandesmäßige Erfassen trennt von tiefer Erfahrung, die eine Qualität des Herzens ist. Solche Erfahrungen geschehen uns, wir können sie unmöglich „machen" wollen, weil dies mit einer Erwartungshaltung verbunden wäre, die auf ein Ergebnis ausgerichtet ist. Herz und Verstand zusammenzubringen, sich gleichzeitig der Intuition, der inneren Weisheit zu öffnen und den gesunden Menschenverstand einzusetzen, bedeutet, das Leben so zu meistern, wie es ist. Wir haben verlernt, unserer Intuition zu vertrauen. Innere Bilder werden als Fantasien und Tagträumereien abgetan. Stille wird oft als angstauslösend, beklemmend empfunden und vermieden, indem man sich den Reizüberflutungen unserer Zeit überlässt. Dabei sind es vor allem diese Momente der Stille, in denen Erkenntnisse aufkeimen, durch die wir mit der Weisheit unserer Essenz verbunden sind, Zusammenhänge plötzlich erkennbar werden, Frieden erfahrbar ist, verschiedene Aspekte des Einen sich offenbaren. In solchen Augenblicken verstehen wir uns auf einmal selbst. Wir erkennen bestimmte Muster, ohne umgehend in ein Schuldgefühl oder eine Schuldzuweisung verfallen zu müssen. Plötzlich erahnen wir, welches Potenzial in uns verborgen darauf wartet, gelebt zu werden. Und wir erkennen, wo durch längst vergangene Erlebnisse ausgelöste Emotionen wie Angst, Schmerz, Groll, etc. ein Eigenleben entwickelt haben, Energien blockieren, uns vom tiefen inneren Frieden unserer Essenz abschneiden.

Was die Augen wahrnehmen und an das Gehirn weiterleiten, wird erst dort zu Bildern zusammengesetzt, verarbeitet. So entsteht in dieser „Schaltzentrale" in unserem Kopf gleichsam die Welt, wie wir sie wahrnehmen. Das Gehirn ist also sowohl für äußere als auch für innere Bilder zuständig.

Mit den Qualitäten der Aspekte, die uns im Außen als Feuer, Wasser, Luft, Erde und Äther begegnen, vertraut zu werden, indem Sie sie in Ihrem inneren Raum aufsteigen lassen, sie fühlen, ist wichtiger, als sich ein großes Wissen über die Elemente zuzulegen. Wissen füttert den Verstand und ist auf dieser Ebene auch sehr wertvoll. Wenn wir jedoch in die tiefe Ebene des Seins eintauchen, ist es eher hinderlich, da der Verstand dann ständig wertet, urteilt, interpretiert. Die Essenz aber ist mit dem tiefsten Urwissen um alles, was ist, verbunden. Dieses besondere Wissen steht uns in der Stille, in der Hingabe an den Augenblick ohne Erwartungshaltung, zur Verfügung. Wenn wir bereit sind, uns fallen zu lassen, loszulassen und uns dieser inneren Führung anzuvertrauen, bereit, dem zu vertrauen, was da aufsteigt, den Frieden zu fühlen, der hinter allem steht.

Die Elemente sind, wie alles, was uns im sogenannten Außen begegnet, nur Spiegel dessen, was auch in uns ist. Das göttliche Sein oder die Essenz, wie immer wir es nennen wollen, drückt sich in der Welt der Erscheinungen in vollkommener Weise aus.

Wenn wir dies wirklich auf tiefster Ebene realisieren, lösen sich unsere Probleme auf, und wir bleiben in unserer Mitte, im inneren Frieden verankert. Leider haben wir vergessen, dass es nichts außer diesem Einen gibt, das sich in unendlicher Vielfalt präsentiert. Somit ist wirklich alles miteinander verbunden. Jede Zelle drückt sich auf ihre ureigenste Art aus, ist aber untrennbar Teil dieses einen kosmischen Körpers. Jede einzelne ist gleichwertig und gleichermaßen wichtig.

Leider haben wir vergessen, dass es neben der sichtbaren eine (scheinbar) unsichtbare Welt gibt. Es ist uns verlorengegangen, das Göttliche in uns zu ehren. Wir erkennen nicht mehr, dass das Göttliche sich durch uns ausdrückt, um uns so im inneren Gleichgewicht zu halten. Wir sind uns des ewigen Prozesses von Erschaffung und Wiederauflösung nicht mehr bewusst. Wir haben das Gleichgewicht von innerer Wahrnehmung, Intuition und des Fühlens zugunsten des Verstandes, des Denkens aufgegeben. Kopflastigkeit ist zu einem großen Problem unserer Zivilisation geworden. Das Sammeln, Interpretieren, Analysieren und Bewerten beweisbaren Wissens ist so stark in den Vordergrund getreten, dass Qualitäten des Herzens wie Mitgefühl, Hingabe, Vertrauen, Liebe zu allem Sein, und das Wissen um die Einheit aller Dinge als zweitrangig angesehen und belächelt werden.

Völker, die noch im Einklang mit der Natur und den Gesetzen des Universums leben, werden als primitiv abgetan, Schamanen, die in unsichtbare Welten reisen, als Quacksalber diffamiert. Wie segensreich könnten all die wissenschaftlichen und technischen Forschungen und Errungenschaften sein, wenn die tiefe Erkenntnis der Einheit allen Seins Grundlage dafür wäre, wenn der Verstand dem Herzen dienen würde. Viele bekannte Wissenschaftler bedienten sich bewusst oder unbewusst des Raumes der Stille in sich, um Antworten auf Fragen aufsteigen zu lassen, die von bahnbrechendem Erfolg gekrönt waren – ein Beispiel dafür ist Albert Einstein. In diesen Momenten der Inspiration waren sie mit dem Urgrund ihrer Seele verbunden, wo Erkenntnis ohne die Mühen der reinen Verstandesarbeit möglich ist.

So unterliegt also nicht nur unser physischer Körper den Gesetzmäßigkeiten der Elemente.

Die Essenz der Elemente berührt uns sehr subtil auf viel tieferen Ebenen. Die Themen unseres Lebens erfordern Achtsamkeit und die Bereitschaft, das Dasein aus einer anderen Perspektive zu betrachten, Lebensmuster, Überzeugungen, wiederkehrende Situationen zu erkennen und zu verstehen.

Je nach zu lösendem Thema wird der Energie eines bestimmten Elements besondere Aufmerksamkeit zu widmen sein, um es in sich auszugleichen, in Harmonie zu bringen.

Wenn die Aufgabe zum Beispiel darin besteht, zerstörerisch wirkende Emotionen ins Gleichgewicht zu bringen, wird das Thema in der Erlösung des Feuerelements, das solchen Emotionen zugeordnet ist, zu suchen sein. Wenn es darum geht, sich seinen Gefühlen zuzuwenden, verlangt das Wasserelement nach Erlösung.

Das Luftelement regiert das geistige Prinzip und erfordert Klarheit im Denken, Ordnung der verwirrenden Gedankenflut, um z. B. kreative Ideen umsetzen zu können und nicht in Luftschlössern gefangen zu bleiben.

Schließlich erfordern Probleme mit der Standfestigkeit, der Verwurzelung, dem Prinzip des Nährens und der Geborgenheit Vertiefung in die Essenz des Erdelements, um dessen erlöste Form leben zu können.

Jedes Element erfährt durch das ihm polar gegenüberstehende Element Unterstützung.

So beeinflussen sich Feuer und Wasser sowie Erde und Luft gegenseitig. Wenn starke Emotionen (Feuer) zur inneren Zerreißprobe werden, ist es hilfreich, sich seiner damit im Zusammenhang stehenden wahren Gefühle (Wasser) bewusst zu werden, um die Hintergründe der zerstörerischen Einflüsse zu ergründen und umzuwandeln.

Zusammenhänge zu erkennen befreit aus der Täter-Opfermentalität. Mehr und mehr erwächst daraus ein tiefes Verständnis für alles, was ist, geschieht ein Erkennen der Illusion dessen, was wir zu sein glauben.

Um sich selbst besser zu verstehen, verschiedenen Verhaltensmustern und Glaubenssätzen auf die Spur zu kommen, kann es sehr hilfreich sein, sich mit den Energien der einzelnen Elemente auseinanderzusetzen. So ist es interessant, der Frage nachzugehen, zu welchem Element ich mich hingezogen fühle, welches ich ablehne oder ausgrenze.

Gehen Sie für einen Moment in die Stille, und erspüren Sie, was Sie mit den Elementen verbinden. Wie fühlt sich das an?

Auf numerologische Art kann man das Element errechnen, das in diesem Leben von besonderer Bedeutung für die Lösung Ihrer Themen ist.

Ebenso besteht die Möglichkeit, wenn Sie Ihrer Wahrnehmung vertrauen, das Element rein intuitiv zu erspüren. Haben Sie sich schon einmal Gedanken darüber gemacht, warum Sie beispielsweise Menschen bewundern, die viel Lebensenergie besitzen, die Dinge kraftvoll anpacken und sicher auftreten, während Sie das Gefühl haben, dass die Kraft Ihnen scheinbar einfach wegfließt? Dem Feuer gilt Ihre Bewunderung und Ablehnung zugleich? In diesem Fall wäre es Zeit, sich dem Element Feuer zuzuwenden!

NUMEROLOGIE UND ELEMENTE

Die Numerologie im Zusammenhang mit den Elementen gibt tiefen Einblick in die Berufung und Aufgabe eines Menschen.

Mithilfe einer einfachen Rechenoperation lässt uns unser Verstand schnell das unser Leben bestimmende, zu transformierende Element herausfinden. Dann aber bedarf es der Intuition, um uns in diesem Element mit *allen* seinen Seiten wiederzuerkennen. Liebevoller Respekt uns selbst gegenüber und Ehrlichkeit ohne Wertung sind unverzichtbar, um herauszufinden, mit welcher Qualität wir dieses Element zu diesem Zeitpunkt leben, an welcher Stelle Stolpersteine liegen, und wo wir vielleicht in alten Denkmustern gefangen sind. Worin das Potenzial dieses Elements liegt und welche Möglichkeiten der unmittelbaren Unterstützung wir in uns selbst zur Verfügung haben. Und vielleicht fällt es uns dann plötzlich wie Schuppen von den Augen, dass bestimmte Charaktermerkmale, die wir an anderen sehr bewundert haben und die wir gern auch selbst leben würden, absoluter Ausdruck gerade unseres Elements sind! Sie wurden bisher aber nicht von uns gelebt, weil wir es nicht für möglich hielten, dieses Potenzial zu besitzen. Nun gilt es, sich diesen Qualitäten zu öffnen.

NUMEROLOGIE, ELEMENTE UND INNERE REISEN

Unsere innere Weisheit hilft uns, das eben Beschriebene zu erreichen, indem sie etwa während einer inneren Reise die Form des Elements annimmt, um uns ein besseres Verständnis für die zu unternehmenden Schritte zu vermitteln. Wichtig bei diesem Prozess sind Achtsamkeit, Hingabe und Vertrauen in die innere Führung. Vertrauen darin, dass das, was gerade auftaucht, richtig ist und zu den Erfahrungen gehört, die unsere Seele, die nie von ihrem göttlichen Sein getrennt ist, in diesem Moment macht. Je weniger Wollen uns bestimmt, desto tiefer sind unsere Erfahrungen. Dieser inneren Weisheit gilt es zu trauen. Niemand im Außen wird uns je sagen können, was wir tun, wie wir uns entwickeln oder wie wir sein müssen, um uns zu leben. Das führt nur in die Verwirrung. Wir geben unsere Macht ab und folgen den Vorgaben anderer, die es oft sicher gut meinen, aber aus eigenem Erleben, eigenen Vorstellungen heraus handeln und uns Rat geben. Wir würden feststellen, dass diese Vorgaben von außen zu erneuten Schuldgefühlen und Versagensängsten und in die Abhängigkeit führen können, weil sie so schwer zu erfüllen sind. Tiefste Frustration und ungeheurer Druck würden sich aufbauen, wenn wir bemerken, dass man die Vorgaben der anderen nicht erfüllen kann, dass man Widerstand fühlt.

Wir alle wissen, dass wir alte Gedankenmuster, Verletzungen, Schuldgefühle und Schuldzuweisungen loslassen müssen, um im inneren Frieden verweilen zu können. Aber wie geht das, was kann man dafür wirklich tun? Unsere Essenz allein weiß, was jetzt zu tun oder zu lassen ist, welcher Schritt in diesem Moment ansteht, und nur um diesen geht es nun gerade. In die Stille hineinzuhören und dem zu trauen, was sich darin offenbart, birgt in sich bereits die Chance zur Veränderung.

Von immenser Bedeutung ist, die während der inneren Reisen gemachten Erfahrungen nicht mit dem Verstand begreifen und analysieren zu wollen, sondern auf der Ebene des *Fühlens* intuitiv zu erfassen. Wenn Sie eine bestimmte Qualität, die Sie sich wünschen, wirklich so fühlen können, als wäre sie Bestandteil Ihres täglichen Lebens, hat das eine ganz andere Dimension, als wenn Sie über diese Qualität nachdenken. Wenn Sie also später, in der Erinnerung, die Situation vergegenwärtigen und wissen, wie Sie sich dabei gefühlt haben, ist diese Erinnerung die Voraussetzung für jede Veränderung. Das, was Sie in diesem Moment gefühlt haben, war *real*, es *war bereits die angestrebte Veränderung!* Es muss nicht erst kommen, sondern *es ist bereits Teil von Ihnen.* Darauf können Sie vertrauen, darauf können Sie zurückgreifen, dass dieser Zustand bereits manifestiert ist.

Wenn Sie herausgefunden haben, welches Element es vordergründig bei Ihnen zu entwickeln, zu transzendieren gilt, nehmen Sie sich bitte die Zeit und spüren Sie den Qualitäten des Elements nach. Was taucht zuerst auf und wie fühlen Sie sich dabei?

Dann suchen Sie sich möglichst einen Platz in der Natur, an dem Sie mit diesem Element am besten in Kontakt kommen können. Es hat sich immer wieder herausgestellt, dass dieser Anschluss in der Natur sehr viel intensiver und leichter möglich ist, als es an einem anderen Ort zu bewerkstelligen wäre. Auch hierbei ist es wieder eher hinderlich, wenn Sie mit bestimmten Vorstellungen und all Ihrem Wissen losgehen und große Erwartungen hegen, was nun wohl passieren wird. Seien Sie einfach offen für Eindrücke, die manchmal sehr flüchtig sein können, für Gefühle, die sich einstellen, offen für die Schönheit, die sich Ihnen offenbart und die Sie so bewusst vielleicht nie zuvor wahrgenommen haben.

Bleiben Sie mit Ihrer ganzen Aufmerksamkeit und Wahrnehmung bei jedem Augenblick und öffnen Sie sich so den Eindrücken, die das entsprechende Element Ihnen vermittelt.

Machen Sie sich auch unbedingt mit den Qualitäten des Sie unterstützenden Elements vertraut.

Achtsamkeit ist bei diesem Prozess notwendig. Vollkommen bewusst wahrzunehmen, was sich Ihnen zeigt, die ganze, ungeteilte Aufmerksamkeit darauf zu richten, wirklich zu verinnerlichen, was sich zeigt, verbindet Sie direkt mit den Qualitäten und Gefühlen, die diese Elemente auslösen.

Numerologie und ihre Verbindung zu den Elementen

Die Zahlen 0 bis 9 und ihre Resonanzen zu den Elementen

Vom Nicht-Sein – 0 – geht ein Gedanke aus, der ins Sein – 1-9 – führt, das uns das Bild der Realität vorgaukelt und doch nur eine Erscheinung im Bewusstsein ist.

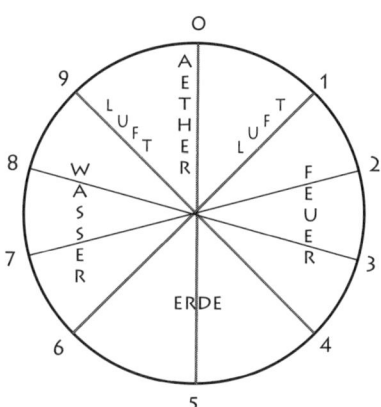

Zuordnung der numerologischen Energie zum jeweiligen Element

Diese Form der Auseinandersetzung mit der Lebensthematik setzt sich zusammen aus dem numerologisch errechneten Wert des Geburtsdatums und des Geburtsnamens, wobei jedem einzelnen Aufmerksamkeit zuteil werden sollte. Es ist sogar ratsam, der Energie des Vornamens und des Familiennamens getrennt Aufmerksamkeit zu widmen. Der Vorname birgt aus meiner Erfahrung einen sehr individuellen Auftrag, während der Familienname ein Thema beinhaltet, das eventuell bereits über Generationen hinweg zu lösen ist. Jedoch erst die Gesamtenergie ermöglicht eine Aussage über die eigentliche Thematik des gegenwärtigen Lebens.

Die vorliegende Zuordnung der numerologischen Energien zu den entsprechenden Elementen erhebt nicht den Anspruch auf alleinige Wahrheit.

Nachdem ich mich eine Zeit lang mit verschiedenen Formen der Numerologie auseinandergesetzt habe, wurde ich damit konfrontiert, dass plötzlich Zuordnungen in mir auftauchten, Beschreibungen und Zusammenhänge, die ich zunächst nicht ernst nahm. Nachdem sich dies ständig wiederholte, brachte ich sie zu Papier und begann, mich damit intensiver auseinanderzusetzen. Als ich von Freunden gebeten wurde, die numerologischen Tendenzen für sie zu erstellen, war ich erstaunt, wie sehr sie sich mit ihrer Thematik in den Zuordnungen wiederfinden konnten.

Wer also eine Resonanz zu diesem System fühlt und glaubt, seinem Thema damit etwas besser auf die Spur zu kommen, den lade ich ein, einen Versuch zu unternehmen.

Es gibt zum Thema Numerologie viele verschiedene Ansatzpunkte, die sich – scheinbar – oft etwas widersprechen.

Jedes Konzept hat seine Berechtigung, keines ist wahrer oder besser als das andere. Alle stellen eine Möglichkeit dar, die „Spielwiese des Lebens" ein wenig besser zu verstehen. Solange wir Menschen versuchen, alles über den Verstand zu begreifen, können derartige Hilfsmittel wertvoll sein.

Wir sollten uns jedoch stets bewusst sein, dass alles Illusion ist. Wir erschaffen Konzepte in der Welt der Dualität. Wir spielen unser Spiel, befinden uns im Traum, der aus dem unendlichen Sein erscheint, um sich in diesem wieder aufzulösen. Göttliches Sein drückt sich auf vielfältige Weise aus, durch alles, was ist.

Wie könnte es da ein besser oder schlechter, wahr oder nicht so wahr geben?

Dass Sie sich als Person und Ihre Suche, Ihre Fragen ein wenig besser verstehen können, ist das Anliegen dieser Form der Numerologie. Bitte verstehen Sie sie nicht als festgeschriebene, unumstößliche „Vorhersage", der Sie nun blind folgen müssen.

Die Beschreibungen der einzelnen Energien mögen einen kleinen Wegweiser darstellen, wenn Sie das Gefühl haben, in einer Situation festzustecken oder verschiedene, stets wiederkehrende Themen Ihres Lebens nicht ganz verstehen und ent-wickeln zu können. Bitte seien Sie sehr liebevoll mit sich, wenn Sie sich in verschiedenen Aspekten wiederfinden. Es geht hier weder darum, eine Schublade zu öffnen und einen Menschen in diese einzuordnen, noch darum, ihn erneut mit einem festgeschriebenen Konzept zu konfrontieren. Es darf auch niemals dazu führen, dass Sie sich nun an den von Ihnen eventuell noch nicht erlösten Aspekten festhalten und ein erneutes Versagenssyndrom aufbauen!

Wenn Sie sich langsam erkennen und entdecken, was vielleicht noch ein wenig Aufmerksamkeit verlangt, wo Sie noch nicht im Einklang mit Ihrer Seele leben, dann schauen Sie schmunzelnd auf Ihre Unvollkommenheit, nehmen Sie diesen Aspekt liebevoll in die Arme, ohne Urteil oder Wertung, und vertrauen Sie auf Ihr Sein, das Sie führt.

Wenn Sie z. B. erkennen, dass es um ein klares Nein Ihrerseits geht, Sie sich aber im Moment noch nicht in der Lage dazu fühlen, verurteilen Sie sich nicht dafür, denn damit erzeugen Sie Druck.

Es ist wundervoll, wenn Sie Ihre Thematik schon erkannt haben! Verbinden Sie sich täglich mit Ihrem Sein, sodass es Sie weise führen kann. Fühlen Sie immer wieder die Energie des Nein, erinnern Sie sich daran! Lenken Sie Ihre Achtsamkeit nach innen und handeln Sie aus diesem Raum heraus. Ganz wie von selbst und leicht werden Sie dann mit innerer Klarheit in der jeweiligen Situation Ihr Nein formulieren können.

Erkennen Sie immer wieder, dass Sie göttliches Sein sind, reine Liebe, die sich durch Sie ausdrücken will. Schließen Sie sich immer wieder an die essentielle Energie in Ihnen an, spüren Sie die Stille, den Frieden, die stets in Ihnen verankert sind, was auch immer scheinbar im Außen geschieht.

Wenn Sie nun die Bedeutung der Elemente und ihrer numerologischen Zuordnung erkunden wollen, um sich Ihrer Person dadurch einmal von dieser Seite her zu nähern, dann nehmen Sie sich genügend Zeit dafür.

Machen Sie sich zunächst mit den Grundlagen dieser Form der Numerologie vertraut, ehe Sie sich dann mit Ihrer ganz persönlichen Thematik auseinandersetzen.

Die Energie des Namens und des Geburtsdatums weist auf Themen hin, welche die Gesamtenergie besser verständlich werden lassen und unmittelbar mit ihr in Verbindung stehen. So bedarf es zunächst einer Betrachtung dieser Einzelenergien, um die Zusammenhänge zu verstehen. Doch erst in der Gesamtenergie präsentiert sich die eigentliche Lebensaufgabe. Hier ist der Schatz verborgen, den es zu heben gilt.

Die Thematik Ihres Lebens steht bereits zum Zeitpunkt Ihrer Geburt fest. Sie ändert sich auch durch Namensänderung nicht, sondern erhält nur zusätzliche Lösungsmöglichkeiten. Hier ist es dann ebenfalls wichtig zu erkennen, wie diese Zusatzenergie die Gesamtenergie unterstützt.

Auch die jeweilige Jahresenergie fügt sich in die Gesamtaussage ein.

In unserem Leben durchwandern wir pausenlos das Rad der Energien.

In jedem Jahr steht uns eine besondere Qualität zur Verfügung, die uns unser Hauptthema aus ihrer speziellen Sicht betrachten lässt. Das ermöglicht uns, Zusammenhänge aus einem anderen Blickwinkel zu verstehen und so zu unserer Ent-wicklung beizutragen. Die Hauptthematik, die sich eben in unserer Gesamtenergie zeigt, bleibt dabei stets dieselbe. Da es manchmal oft recht schwierig ist, sich sogleich im Hauptthema zu erkennen, ist es hilf- und segensreich, sich an der Unterstützungsenergie zu orientieren, die der Hauptenergie gegenüberliegt (siehe Abb. S. 35). Ein Beispiel verdeutlicht dies: Die 2 befindet sich häufig im Trennungsschmerz der Polarität und dieses scheinbare Getrennt-Sein führt dazu, dass sie unbewusst versucht, möglichst immer die Kontrolle zu behalten. Dies lässt jedoch, da es letztlich nicht möglich ist, Stress und Frustration entstehen. In diesem Fall liegt in der Unterstützung durch die Essenz der gegenüberliegenden 7 (Energie der Hingabe und des Loslassens) der Schlüssel zur Veränderung.

So vertiefen Sie sich nun nach einer Betrachtung der Einzelenergien aus Namen und Geburtsdatum in Ihre Gesamtenergie. Spüren Sie nach, in welchem Maß Sie Resonanz dazu fühlen können.

Lassen Sie dabei zunächst die Beschreibung der entsprechenden Gesamtenergie auf sich wirken. Vielleicht können Sie bereits Zusammenhänge mit stets wiederkehrenden Problemen in Ihrem Leben erkennen. Bei den Fragen, die im Zusammenhang mit der entsprechenden Energie der Zahlen 1 bis 9 gestellt werden, gehen Sie einen Moment in die Stille, lauschen nach innen, und vertrauen den Antworten, die Ihre innere Weisheit zu diesem Zeitpunkt für Sie bereithält.

Es ist durchaus sinnvoll, sich in diesem Zusammenhang Notizen zu machen.

Anschließend wenden Sie sich der diese Gesamtenergie unterstützenden, erlösten Form, der Essenz der polaren „Erlösungsenergie" (Unterstützungsenergie) zu, die den Weg erheblich erleichtern kann, wenn die Verknüpfungen erkannt werden.

Es geht in keinem Fall darum, sich für bisher scheinbar ungelöste Konflikte schuldig zu fühlen, sondern darum, bereit zu sein, sich aller Aspekte mehr und mehr bewusst zu werden und sie liebevoll, ohne Ablehnung, Wertung oder Urteil zu integrieren. Es darf auch nicht dazu führen, eine Schublade einzurichten, in der Sie sich dann gefangen fühlen – nach dem Motto: „Ich *bin* eine 3".

Sie sind alles! Sie verkörpern sämtliche Energien, bevorzugen in diesem Leben jedoch eine ganz bestimmte Thematik, um diese zu er-lösen. Sie sind Teil des großen Ganzen, das sich aus unendlich vielen Puzzlesteinen zusammensetzt. Durch Ihr Leben tragen Sie zu dieser Ganzheit bei! Es ist völlig unmöglich und illusorisch, getrennt davon zu existieren, denn Sie sind vollkommen darin eingebunden. Ohne den wundervollen Baustein, den Sie dazu beitragen, wäre Ganzheit nicht möglich! Wie wundervoll, denn schon allein die Anerkennung dieser Realität lässt jeden Trennungsgedanken zur Illusion werden …

Elemente –
Ausdrucksform und Spiegel
im Aussen für innere Aspekte

Alle Energien, die uns begegnen, sind Hinweise auf unsere derzeitige Situation. Sie als solche zu begreifen und dementsprechend zu handeln, ist der Sinn im Traum des Lebens. Aus dem absoluten, nichtmateriellen Sein entwickelt sich der Traum der subjektiven individuellen Erfahrung der Welt.

Die eigentliche Aufgabe ist es, den Sinn der eigenen Erfahrungswelt, der untrennbar von dem meiner Mitmenschen ist, zu verstehen und auf dem Spielplatz Leben intensiv zum Ausdruck zu bringen.

Im Leben fällt es oft schwer, den Hintergründen auf die Spur zu kommen, ohne geeignetes „Spielzeug" zur Verfügung zu haben.

Dies erschaffen wir, um es für das Experiment Leben nutzen zu können.

Unsere Blindheit uns selbst gegenüber verlangt nach einem Spiegel im Außen.

Wie können wir Emotionen, die durch Situationen im Außen in uns ausgelöst werden, verarbeiten, ohne die Entsprechungen dieser Emotionen in unserem Innern zu erkennen? Wenn wir uns bewusst machen, wie wir auf solche, von außen kommende Hinweise reagieren, können wir daran die Verteilung verschiedener Energien in uns erkennen und bearbeiten.

Es hat durchaus einen Sinn, dass wir beispielsweise ein gewisses Ungleichgewicht in der Verteilung der Elementeenergien mitgebracht haben, das es dann im Laufe unseres Lebens auszugleichen gilt. Oder aber, dass wir während bestimmter Lebensabschnitte ganz unterschiedliche Erfahrungen mit einer ganz bestimmten Energie machen.

Sich dann Folgendes zu fragen, hilft uns auf dem Weg, den wir zu gehen haben:

* Wo in meinem Körper sind offensichtlich Erfahrungen gespeichert und mit welcher Intensität erfahre ich sie?
* Was macht mir zu schaffen?
* Wo fühle ich ein Defizit?
* Was verbirgt sich hinter den entsprechenden Energien, welche Aufgabe erwächst mir daraus?
* Wo befinde ich mich gerade?
* Was bedeutet das für mich?
* Welche Entsprechungen werden mir bewusst?
* Welches Potenzial bringe ich von Geburt an mit?
* Wie kann ich das große Zusammenspiel besser erkennen?
* Welche Energien unterstützen mein Wachstum?
* Wo leiste ich Widerstand?

Wenn wir uns weigern, zu gegebener Zeit in unsere eigenen Tiefen hinabzusteigen, wird das Schicksal uns dazu zwingen.

Wenn es dann etwa darum geht, zu sich zu stehen, seine Gefühle wahr- und ernst zu nehmen, dies aber aus Angst vor Konsequenzen nicht geschieht, wird unsere Seele korrigierend eingreifen. Dies ist jedoch nicht die „Strafe einer imaginären Kraft", wie dies so oft empfunden wird und Schuldgefühle hervorruft, die immer weiter in die Verstrickung führen.

Das göttliche Bewusstsein, das sich durch uns ausdrückt, hat einen Traum erschaffen, in dem bestimmte Erfahrungen gelebt werden wollen, die letztendlich alle darauf abzielen, den Ursprung dieses Traumes zu erkennen.

Von diesem Vorhaben weicht die Seele nicht ab und setzt dementsprechend immer wieder Korrekturen ein, wenn der Egoverstand, den wahren Sachverhalt verkennend, glaubt, die Führung übernehmen zu müssen oder zu können.

Mit dem zu leben, was ist, es anzuerkennen, ist die einfachere, schmerzlosere Art.

Der Mensch tritt in dieses Leben unter Betonung einer bestimmten Elementenergie, und es ist seine Aufgabe, diese Energie wirklich zu entfalten.

Man könnte nun denken, dies müsse ihm leichtfallen, da er mit der Anlage dieser Energie ausgestattet ist. Zunächst wird diese sich jedoch meist in ihrer unerlösten Form zeigen. Dann tritt sie mit ihrer polaren Seite zutage, bis die Sehnsucht nach Veränderung wahrgenommen wird und die innere Suche beginnt. Je nach Elementenergie wird der Mensch dann unterschiedliche Wege beschreiten müssen.

Oft kann es recht mühsam sein zu erkennen, dass man beispielsweise ungeliebte Schwächen zunächst als solche akzeptieren, annehmen muss, ehe sie dann in Stärken umgewandelt werden können.

Und doch geht es genau darum, diesen Prozess zu durchlaufen, der Energie des Elements zum Durchbruch zu verhelfen und auf diesem Weg Energien, die ins Ungleichgewicht geraten sind und entwickelt werden möchten, auszugleichen.

Unterstützung bietet, wie gesagt, immer das gegenüberliegende Element. Durch Hinwendung zu diesem kann das eigene Element transformiert werden. So wird ein Mensch, der seine Feuerenergie zu entwickeln hat, gut beraten sein, sich der gegenüberliegenden Wasserenergie zuzuwenden. Dabei ist dann zusätzlich von ausschlaggebender Bedeutung, welcher numerologischen Form der jeweiligen Elementenergie er angehört. Wenn wir uns die Zuordnung der Elemente zu den Zahlen O bis 9 anschauen, ergibt sich folgende Verteilung:

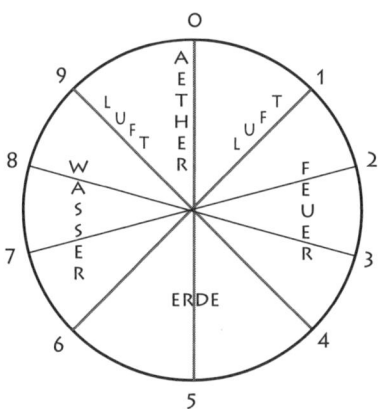

Luft: 1 – 9
Feuer: 2 – 3
Erde: 4 – 5 – 6
Wasser: 7 – 8
Äther: O

DAS BEDEUTET:

* Das Element Luft findet seine Unterstützung durch das Element Erde und umgekehrt.
* Dabei steht die 1 der Luft der 6 der Erde gegenüber und die 9 der 4.
* Feuer findet seine Unterstützung durch Wasser und umgekehrt.
* Dabei steht die 2 des Feuers der 7 des Wassers gegenüber, die 3 der 8.
* Die 5 der Erde bildet eine Ausnahme, denn sie steht der O des Elements Äther gegenüber.
* Die Energie der O offenbart das wirkliche Sein, den Ursprung, die Liebesenergie, die wir jenseits aller Täuschungen und Vorstellungen sind. Sie wirkt ausschließlich als Unterstützungsenergie.

WIR KÖNNEN NUN FOLGENDES FESTHALTEN:

* Die Energie des Unterstützungselements trägt ein großes Heilungspotenzial für die Thematik der Lebensaufgabe in sich.
* Das „Lebensrad" wird in ständiger Wiederholung durchlaufen.
* Alle Aspekte sind in jedem Menschen angelegt und werden gelebt.
* Dass bestimmten Aspekten im jeweiligen Leben der Vorrang gebührt, hängt mit der Lebensaufgabe zusammen.

Je nach Elementenergie wird der Mensch auf seinem Weg zunächst eine ganz bestimmte Richtung einschlagen, bis er an dem Punkt ankommt, wo er, hinter die Realität schauend, bestimmte Verhaltensweisen versteht. So wundert es nicht, dass Menschen mit dem Auftrag, ihre Feuerenergie transformiert zu leben, den Weg nach innen wählen müssen, da – solange diese noch unerlöst ist – die aufkommenden Emotionen verheerende Wirkung haben können. Dabei spielt es keine große Rolle, ob diese nach außen gerichtet werden oder sich in Autoaggressionen ausdrücken.

Auch Menschen mit dem Auftrag der Erdenergie werden den Weg nach innen wählen. Ihre Auseinandersetzung findet auf einer anderen Ebene als die bei „Feuermenschen" statt. Sie wenden sich nach innen, weil sie den Wiederanschluss an Intuition, an Wahrnehmung dringend benötigen, um ihre Kraft in erlöster Form leben zu können.

Nur durch Öffnung der Sinne, indem er sich einfühlt, kann zum Beispiel der Mensch mit der Energie der 4 seinen eigenen Rhythmus über den von der Natur gespiegelten Rhythmus erkennen und in sein Handeln einbeziehen, kann die 5 den Himmel auf die Erde bringen oder die 6 sich an die Schöpfungsenergie anschließen, um diese zu manifestieren und die wahren Zusammenhänge zu erkennen.

Den Weg nach außen wählen Menschen mit der Intention, sich ihrer Wasserenergie wirklich bewusst zu werden. Weil sie Stille, das Thema Fühlen und Gefühle als bedrohlich empfinden, mit Schmerz verbinden und Angst davor haben, sich selbst kennenzulernen, glauben sie, diesen negativen Gefühlen entgehen zu können, indem sie sich auf das Außen konzentrieren. Dort treffen sie aber gerade auf ihre „Spiegel", die sie früher oder später mit genau dieser Thematik konfrontieren.

„Luftmenschen" richten sich ebenfalls nach außen, weil z. B. der Luft-9 die Auseinandersetzung mit tiefen Seinsfragen und der damit verbundenen Wandlung in höhere Bewusstseinsebenen hinein zunächst Angst machen kann. Sie glaubt, danach in der Welt, im Alltag, nicht mehr leben zu können, setzt Erwachen mit Verzicht gleich.

Die Luft-1 hingegen hat Probleme, ihre vielen Ideen umzusetzen und hofft darauf, dass jemand dies für sie in der Lage zu tun ist, der ihr das aufgetragene Thema – Schwierigkeiten, realistische Ideen zu entwickeln und diese so lange zu verfolgen, bis ihre Umsetzung machbar ist – abnimmt. Oder aber sie sammelt während vieler Aus- und Weiterbildungen Informationen, Techniken, Methoden, ohne sie verinnerlichen zu können. Erst, wenn sie erkannt hat, dass die konstruktive Kraft, eine Idee in die Form zu bringen, die ihre Umsetzung ermöglicht, in ihr selbst schlummert, kann sie diese Kraft auch aus sich heraus leben.

ELEMENTE UND IHRE ESSENZ

Tanze im Feuer des Lebens.
Fließe mit dem Wasser in die Tiefe deiner Träume.
Atme im Wind die Weite des Himmels.
Wachse in die Erde zur Quelle deiner Kraft.
Indianische Weisheit

ELEMENT
ÄTHER

In dieser Form der Numerologie steht das Element Äther für das allumfassende Sein, den Ursprung, die Leere, die Essenz allumfassenden Bewusstseins, das göttliche Prinzip jenseits von Zeit und Raum, die bedingungslose Liebe, das Unaussprechliche, für das es eigentlich keine Worte gibt.

Äther ist mit der Qualität des *absoluten Seins* verbunden.

ELEMENT
FEUER

Feuer stellt das männliche Prinzip des Antriebes, des Hervorbringens, der Durchsetzungskraft, der Ankurbelung von Prozessen sowie der Urgewalt dar. Auch mit Stärke und Impulsivität, Leidenschaft und Begeisterung, Wärme und Licht, mit Strahlkraft und Urgewalt wird es in Verbindung gebracht und stellt sozusagen ein Sinnbild für unseren Lebensmotor und seine transformierende Kraft dar.

Der Mensch mit der Gesamtenergie Feuer findet sich der Aufgabe gegenüber, zu erkennen, dass dieses Element ein gewaltiges Potenzial birgt. In seiner erlösten Form bedeutet das, dass der Mensch sich seiner wahren Stärke und Macht voll bewusst ist und diese im Alltag zum Wohle aller einbringt. Er hat die Identifikation mit der Rolle, die er spielt durchschaut und überwunden, ist ganz er selbst. Die ihm eigene Durchsetzungskraft hat nichts mehr mit einem Machtspiel gemein.

Voller Vertrauen in die höheren Gesetze lebt er die erkannte Wahrheit in absoluter Klarheit. Dieser Mensch wird sich nicht mehr – nur um etwas zu bekommen, an dem es ihm scheinbar mangelt – anpassen oder verbiegen, sondern furchtlos, aber voller Mitgefühl die Erkenntnisse und das ihm zur Verfügung stehende Wissen leben.

Feuer als Grundenergie beinhaltet den Auftrag, in seine erlöste Form zu finden und diese außerordentlich positive Kraft dann ins Leben einzubringen.

In seiner unerlösten Form kann sich Feuer zeigen im rücksichtslosen Streben nach Macht bzw.

in Gewalt und Aggressionen gegenüber anderen. Es kann sich aber auch in extremen Autoaggressionen, in hitzigen, zerstörerischen Emotionen, Gedanken und Handlungen äußern – oder aber im genauen Gegenteil, nämlich in mangelnder Durchsetzungs- und Antriebskraft, bzw. der Weigerung, sich Auseinandersetzungen zu stellen.

Die Auseinandersetzung mit dem Element Feuer führt automatisch zu Fragen wie diesen:

* Erkenne ich die unterschiedlichen Qualitäten des Elements Feuer? Diese können sich zeigen:
  als Licht bringende, energetisierende Kraft, symbolisiert durch die Sonne, die unsere Lebensgeister auf den Plan ruft,
  als wärmende, beruhigende Energie, symbolisiert durch die sanfte Flamme einer Kerze, die das warme Gefühl der Geborgenheit und Beständigkeit vermittelt,
  oder als gewaltige Kraft, wie sie z. B. durch einen Vulkanausbruch freigesetzt wird.
* Wo fühle ich damit einhergehende Emotionen?
* Wodurch werden sie ausgelöst?
* Was machen sie mit mir und anderen und
* wodurch lassen sie sich gegebenenfalls zügeln?
* Erkenne ich z. B. im Vulkanausbruch die Explosion, den Abbau des Überdrucks in mir, der, wenn er transformiert werden kann, zum Fluss der Energien, die den Samen der Erneuerung,

der Fruchtbarkeit bereits in sich tragen, jedoch vorher das Althergebrachte zerstören, führt?

Wenn dies erkannt wurde, ist der Zeitpunkt gekommen, an dem der Weg nach innen unumgänglich wird. Nun ist es angebracht, sich auf das eigene Sein zu besinnen, Verhaltensstrukturen zu erkennen und zu hinterfragen, der zerstörerischen Kraft die innere Ruhe entgegenzusetzen. Die transformierende Kraft, die in der Zerstörung alter, eingefahrener Muster, Glaubensstrukturen, liebgewordener, aber überholter Gewohnheiten liegt, sollte nun genutzt werden, um so die Wahrheit im eigenen Sein zu erkennen.

Feuer ist mit der Qualität „Aktivität – ich handle" verbunden.

ELEMENT WASSER

Wasser stellt das weibliche Element der bedingungslosen Hingabe, der Wandlungsfähigkeit, des Loslassens, der Regeneration, der Reinigung und Entgiftung, des Mitgefühls, des In-sich-Ruhens, der Unendlichkeit, dar.

Es symbolisiert in seiner erlösten Form Geborgenheit im Loslassen, in der wirklichen, bedingungslosen Hingabe an das, was ist, ohne Widerstand. Sich seiner selbst voll bewusst, ist es zu größter Wandlungsfähigkeit bereit, weicht verhärtete Strukturen auf, lebt aus dem inneren Lebensquell heraus. Es birgt die Qualität des Sich-Bewusst-Seins, des wahren Fühlens, des im Herzen verankerten Seins und eines daraus entspringenden Handelns, des Vertrauens und der Liebe aus dem eigenen Inneren heraus. Der Zugang zu den Gefühlen ist nicht blockiert. Diese werden bewusst wahrgenommen, sodass eine konstruktive Auseinandersetzung mit ihnen stattfinden kann. Dabei werden die Hintergründe erfasst und Lösungsmöglichkeiten erkannt. Ohne von Emotionen überwältigt und somit letztlich handlungsunfähig zu sein, kann echtes, vorbehaltloses Mitgefühl aus eigener Erfahrung ins Leben einfließen und seine heilende Wirkung entfalten. Im Loslassen von Verstrickungen, Glaubenssätzen und Geschichten geschieht echte Hingabe an das, was ist.

Wasser bringt gestaute Energien wieder in Fluss, löst Blockaden und lässt in die Liebe hineinfließen.

Der Mensch mit der Gesamtenergie Wasser sieht sich der Aufgabe gegenüber, sich mit seinem Fühlen, mit der Bereitschaft zum Loslassen, zur absoluten Hingabe auseinanderzusetzen.

In seiner unerlösten Form zeigt Wasser Probleme mit der Gefühlsebene. Wassermenschen neigen dann oft dazu, ängstlich darauf bedacht zu sein, anderen keinen Einblick in ihr Gefühlsleben geben zu müssen, keine Gefühle zeigen zu wollen oder zu dürfen und sich auch möglichst nicht mit den Gefühlen anderer Menschen auseinandersetzen zu müssen. Voller Angst, mit dem dadurch ausgelösten Schmerz in Resonanz gehen zu müssen, verschließen sie diesen Teil. Es ist jedoch unumgänglich, den verdrängten, verschütteten, abgelehnten Gefühlen mit Gewahrsein zu begegnen, sich liebevoll für sie zu öffnen, um ihnen Heilung angedeihen zu lassen, dem eigenen Potenzial auf diese Weise zu begegnen. Stille ist Menschen mit unerlöstem Wasserpotenzial oft unerträglich, da sie fürchten, dann unkontrollierbar vom Schmerz übermannt zu werden, Dingen aus der eigenen Tiefe zu begegnen, die sie mit ihrem Verstand als unwichtig aus ihrem Leben verbannt haben, da sie ihrer Ansicht nach sowieso nicht zu ändern sind.

So bleibt ihnen der Weg nach außen in die Gemeinschaft. Besonders dort erleben sie jedoch die Auseinandersetzung mit Menschen, die eine Spiegelfunktion für sie einnehmen. Die Projektion der eigenen Problematik auf den anderen führt schließlich behutsam zur Auseinandersetzung mit der eigenen Thematik und schließt so wieder an die eigene Tiefe an.

Beschäftigung mit dem Element Wasser führen unter anderem zu folgenden Fragen:

* Wie gehe ich mit meinen Gefühlen um?
* Bin ich mir meiner Ängste bewusst, und wovor habe ich am meisten Angst?
* Wie gehe ich auf andere Menschen zu?
* Bin ich gern auch einmal allein, oder brauche ich immer Gesellschaft?
* Wie erlebe ich Stille, Ruhe?
* Neige ich dazu, alles unter Kontrolle haben zu wollen?
* Was löst das Wort Hingabe bei mir aus?
* Gebe ich anderen gern Einblick in meine Gefühle?
* Lasse ich Schmerz zu und kann dann auch weinen?

WASSER IST MIT DER QUALITÄT: „HINGABE – ICH LASSE ES ZU" VERBUNDEN.

ELEMENT
LUFT

Luft stellt das männliche Prinzip der geistigen Klarheit, der Flexibilität und der Anpassungsfähigkeit in neuen Situationen dar.

Im Luftelement drückt sich das geistige Prinzip aus – wir begegnen der Qualität der Schöpfungskraft, der Neustrukturierung, der Leichtigkeit des Seins, der Beflügelung der Gedanken, der Veränderung und Umwandlung, der spirituellen Einsichten, der Fähigkeit, Gedankenmuster ändern und klären und somit über den Dingen stehen zu können.

Im Element Luft finden wir das geistige Prinzip der beständigen Bewegung und der Fähigkeit, in andere Bewusstseinszustände zu wechseln.

Die Aufgabenstellung des Menschen, der in der Gesamtenergie des Elements Luft seine Herausforderung für das Leben findet, liegt in Folgendem:

Die Schöpferkraft und das geistige Prinzip sind im unbewussten Zustand oft blockiert und können dann zu Traumtänzerei und Fantastereien führen oder sich oft auch in Abgehobenheit oder in der Angst vor Veränderung, mangelnder Flexibilität und der heimlichen Bewunderung unkonventionellen Verhaltens zeigen. Blockaden solcher Art können über den Gegenpol Erde erlöst werden, sodass gute Ideen auch manifestiert werden können, Bodenständigkeit erlagt wird, um aus Luftschlössern Taten werden zu lassen.

Gefangen in Schubladen eingefahrener Denk- und Glaubensmuster kann keine segensreiche Umsetzung erfolgen. In der Auseinandersetzung mit den Gesetzmäßigkeiten der Natur, mit Machbarkeiten, mit Analysen, Überprüfungen und dem daraus resultierenden Erkennen von Zusammenhängen, kann dann die erlöste Form der Luft als Inspiration oder schöpferische Kraft wirklich in die Welt gebracht werden.

Die Töne, der Gesang des Windes sind der Atem, das Lied, die Flexibilität des Geistes. Der Flug des Adlers, der – von der Thermik der Luft getragen – hoch am Himmel segelnd schwebt, symbolisiert die Fähigkeit, die Dinge aus der höheren Perspektive zu betrachten und zu beurteilen, spricht auch von innerer Freiheit, die spürbar ist, wenn der Atem sich beruhigt. Dann wird man von dem geistigen Prinzip des Elements Luft getragen, ohne Widerstand aufzubauen. Wir kommen zu der Erkenntnis, dass Widerstand eine extrem heftige Reaktion auslöst, einen Orkan, der alles hinwegfegt, was sich ihm in den Weg stellt und sich mit dann zerstörerischer Gewalt Bahn bricht, alles andere übertönend.

Die Auseinandersetzung mit dem Element Luft kann zu folgenden Fragen führen:

* Welche Glaubenssätze habe ich, und wo erkenne ich, dass sie mich blockieren?
* Fällt es mir schwer, flexibel zu sein?
* Lasse ich das Leben zu, wie es ist?
* Wie atme ich – tief und regelmäßig, halte ich die Luft an?
* Kreisen meine Gedanken ständig?
* Wann fühle ich mich eingeengt?
* Was bedeutet „Freiheit" für mich?
* Wie gehe ich mit Wind um?
* Wie fühle mich über den Wolken?
* Wie viel Mut habe ich, Ideen umzusetzen?

DAS ELEMENT LUFT IST
MIT DER QUALITÄT
„ICH BIN" VERBUNDEN.

ELEMENT
ERDE

Erde stellt das weibliche Prinzip des Nährens dar. Dies umfasst weit mehr als die Nahrung für den Körper durch Essen und Trinken: Berührung zulassen, Nähe erfahren, sich selbst annehmen, zu sich stehen, standfest werden, im Hier und Jetzt fest verwurzelt sein. Dies alles sind die bedeutsamen Aspekte des Elements Erde.

Die Aufgabe des Menschen mit der Gesamtenergie Erde liegt darin, die Kraft und Vielfalt des Elements zu spüren und in sich selbst zu erkennen. Hier finden wir das Prinzip der festen Verwurzelung, des wirklichen Hierseins, des Vermittelns zwischen Himmel und Erde, der Lebensbejahung, des Ja-Sagens zur eigenen Existenz. Wir finden in diesem Element die Energie der Unterstützung und Hilfe, des Wissens um sich und seine Aufgabe. Gleichzeitig stellt die Erde das Prinzip des Gebärens, Hervorbringens, des Sich-tragen-Lassens dar. Erde als die große Mutter, die all ihre Kinder nährt und ihnen ihre bedingungslose Liebe schenkt, sich selbst verschenkend. Sie gibt – wenn wir bereit sind zu hören und zu sehen – Auskunft über Naturgesetze und Antworten, die Menschen so nicht geben können. Sie trägt in sich uraltes Wachstumspotenzial, das Erinnerungen einschließt und die Eigenschaften Stärke, Festigkeit und Stabilität symbolisiert.

In ihrer verschiedenartigen Materialität zeigen sich weitere Aspekte:

Felsen erinnern an die eigene Urwüchsigkeit, auch daran, Hindernissen die Stirn zu bieten.

Gleichzeitig aber stehen sie auch für die Frage, wann wir schroff und abweisend sind, niemanden zu nahe an uns heran lassen, uns verschließen, unzugänglich, abweisend bleiben, innere Arroganz und Härte leben.

Sand steht als Ausdrucksform für das Zermahlen-Werden in der Mühle des Lebens, um sodann vom Wind zu immer neuen Formen verweht zu werden.

Das Element Erde fordert uns auf, uns zu fragen, wo wir in uns Fels und Sand erleben.

Wo die Fülle des fruchtbaren Erdbodens, der Samen (Ideen) wachsen und reifen lässt, Ideen somit zur Umsetzung verhilft, Schönheit nach außen bringt, ihr Ausstrahlung verleiht.

In seiner unerlösten Form kann sich ein Mangel an Erde in Illusionen, in Flucht und dem Drang, nicht im Hier und Jetzt sein zu wollen, im Gestern zu leben, aber auch in tiefer Sehnsucht nach Beständigkeit, nach Freundschaft ausdrücken. Eine zu starke Erdbetonung könnte sich unter anderem in der Anhäufung von materiellen Gütern, im Festhalten an Althergebrachtem, in Unbeweglichkeit und Starrsinn zeigen.

Die Auseinandersetzung mit dem Element Erde kann unter Anderem folgende Fragen aufwerfen:

* Fühle ich mich fest verwurzelt?
* Wie ist mein Verhältnis zur Natur – wo fühle ich mich dort am wohlsten?
* Nehme ich meinen Körper so an, wie er ist, fühle ich mich in ihm zu Hause?
* Fühle ich mich genährt und getragen?
* Wie wichtig sind mir materielle Güter, wie ist mein Verhältnis zu Geld?
* Erlebe ich in meinem Leben Stabilität und Sicherheit?
* Esse ich gern und genieße das?
* Wie fühle ich mich mit meiner Familie, welche Beziehung habe ich zu meiner Mutter?
* Fühle ich mich schnell überfordert und schwer?
* Spüre ich ganz bewusst den Boden unter meinen Füßen?
* Schöpfe ich Kraft aus der Natur – habe ich schon einmal versucht, mit Bäumen zu kommunizieren, kann ich mir vorstellen, im Freien zu schlafen?
* Wie stehe ich zu Autoritäten?

DIE ERDE IST MIT DER QUALITÄT „WER BIN ICH?" VERBUNDEN.

Die Zuordnung der Buchstaben zu den entsprechenden Zahlen und die Berechnung der persönlichen Energien

Da es in der Numerologie sehr viele Systeme der Buchstabenzuordnung gibt, ist es wichtig, sich für eines zu entscheiden, bei dem man persönlich die meiste Resonanz spürt, um dieses dann beizubehalten.

Das Alphabet und die numerologische Zuordnung
(nach Herbert Reichstein: Praktisches Lehrbuch der Kabbala)

A, Ä	1	L	12
B	2	M	13
G	3	N	14
D	4	X	15
E	5	O, Ö	16
U, V, W, Ü	6	F, P, PH	17
Z	7	SCH, SH, TS, TZ	18
H, CH	8	Q	19
T	9	R	20
I, J, Y	10	S	21
C, K	11	TH	22

Die Berechnung:

Wandeln Sie Ihren Vor- (Rufname lt. Geburtsur-
kunde) und Geburtsnamen entsprechend oben an-
gegebener Tabelle in Zahlen um.

Verwenden Sie den Geburtsnamen, weil nur
so die Grundenergie, die Ihr momentanes Leben
erfüllt, erfasst werden kann. Jegliche Namensänderung beinhaltet einen Zusatzauftrag, aber nicht
das eigentliche Lebensthema. Titel werden nicht
beachtet.

Addieren Sie die Zahlen Ihres Vornamen und bilden daraus solange die Quersumme, indem Sie die
einzelnen Ziffern addieren, bis eine einstellige Zahl
übrig bleibt. Ebenso verfahren Sie mit Ihrem Famili-
ennamen. Beide addiert bilden die Namensenergie.

Anschließend addieren Sie die Zahlen Ihres Geburtsdatums, bilden auch da, falls das Ergebnis
größer als 9 ist, die Quersumme, bis Sie auf ein
einstelliges Ergebnis kommen, das dann die Energie Ihres Geburtsdatums verkörpert.

Die Energie des Geburtsdatums und des Namens
addiert ergibt die Gesamtenergie. Auch hier wird
so verfahren, dass solange die Quersumme gebil-
det wird, bis ein einstelliges Ergebnis erreicht ist.

Dies zeigt Ihnen nun Ihr Lebensthema und das
zugehörige Hauptelement, das es zu entwickeln
gilt. Zur Seite steht Ihnen dabei die Essenz der Ihrer ermittelten Energie direkt gegenüberstehenden
Unterstützungsenergie (siehe Grafik S. 35)

Name: Felicitas Muster
Geburtsdatum: 27. 12. 1905

BERECHNUNG

Vorname:	*Familienname:*
Felicitas = 96	Muster = 74
Quersumme 9+6=15	Quersumme 7+4=11
Quersumme 1+5= 6	Quersumme 1+1= 2

Energie des Namens: *Energie des*
6 + 2 = 8   *Geburtsdatums:*
      27.12.1905 = 27
      Quersumme 2+7 = 9

Gesamtenergie aus Namen und Geburtsdatum:
8 + 9 = 17; Quersumme 1+7 = 8 = Element Wasser
Die gegenüberliegende Unterstützungsenergie ist
in diesem Fall die 3.

Die ermittelte Gesamtenergie ist in diesem fikti-
ven Beispiel eine 8, der nun das Hauptaugenmerk
gelten würde.
Vertiefende Erklärungen bieten die Themen
des Vornamens = 6, des Familiennamens = 2, der
Namensenergie = 8 und des Geburtsdatums = 9.
In dieser detaillierten Betrachtung zeigt sich
die Individualität. So kann sich die Gesamtenergie
8 verschieden entwickeln:

Namensenergie 1 + Geburtsdatenenergie 7 oder
Namensenergie 2 + Geburtsdatenenergie 6 oder
Namensenergie 3 + Geburtsdatenenergie 5 oder
Namensenergie 4 + Geburtsdatenenergie 4.

Der Weg würde dabei verschieden aussehen, obwohl das Ziel gleich wäre. Deshalb ist es wichtig und spannend, sich zunächst mit diesen Aussagen, die Name und Geburtsdatum liefern, zu beschäftigen. Darin zeigt sich die besondere Prägung dieses Lebensweges.

Der Gesamtenergie jedoch gilt es, die ganze Aufmerksamkeit zu widmen.

Tiefe Auseinandersetzung mit der Thematik
* der entsprechenden ermittelten Energie (im Beispiel der 8),
* mit dem zugeordneten Element (im Beispiel dem Element Wasser)
* und der Essenz der polaren Unterstützungsenergie (im Beispiel der 3 – Element Feuer)
dient dem besseren Verständnis der eigenen Lebenssituation und der Ent-wicklung.

Auf die gleiche Art lässt sich auch die Energie eines Tages oder eines Jahres ermitteln.

Das Jahr 2009 zum Beispiel hat die Energie:
2 + 9 = 11, Quersumme 2.
Der 15.08.2009 hat die Energie:
1+5+8+2+9 = 25, Quersumme 7.

Und natürlich erfahren wir so auch, welche Energien uns ganz individuell in einem Jahr zur Verfügung stehen und welche Aufgabe damit speziell verbunden ist. Nehmen wir das Beispiel von oben:

Felicitas Muster hat als Gesamtenergie eine 8 ergeben.

Dieser 8 wird nun die entsprechende Jahresenergie hinzugefügt, in unserem Beispiel von 2009 also die 2.

8 + 2 = 10, Quersumme 1

Somit würde im Jahr 2009 das Thema der Gesamtenergie der 8 von der Energieebene der 1 aus beleuchtet.

Damit geht es unter anderem verstärkt um die Auseinandersetzung mit den Aspekten der schöpferischen, kreativen Energie, der Willenskraft und Freiheit, der Veränderung der eingeschränkten Sicht und damit der Loslösung von überholten Gedankenkonstrukten (Themen der 1), die im Wissen um die Unendlichkeit allen Seins und die eigenen Gesetzmäßigkeiten in Balance gebracht werden müssen (Thema der 8).

DIE ENERGIE DER ZAHLEN

Was in der Mitte des Raumes meines Herzens ist, dasselbe ist auch in der Sonne und auch in der Erde und im Herzen jedes Menschen und im Herzen allen Seins.

Upanishaden

Die Energie der O

ELEMENT
Äther

ESSENZ
All-Einssein, göttliches Prinzip, Urvertrauen, Ursprung allen Seins, Leere, Essenz allumfassenden Bewusstseins, göttliche Energie jenseits von Zeit und Raum.

THEMATIK

Die Energie der O ist Ausdruck des in sich ruhenden Bewusstseins, das alles Seiende beinhaltet und umfasst.

Die Energie der O wird hier dem Element Äther zugeordnet, wobei das Unaussprechliche, das reine Sein, nicht in Worte zu fassen ist. Es wird also nur symbolisch durch das Element Äther ausgedrückt.

Die O steht für sich, sie kann nur durch die ihr gegenüberstehende 5 als Erlösungsenergie genutzt werden. Die Gesamtenergie eines Menschen kann nur die Zahlen 1 – 9 beinhalten.

Die O ist die Leere, die gleichzeitig die Fülle beinhaltet.

1 DIE ENERGIE DER 1

Luft

Das sich manifestierende geistige Prinzip; Prinzip der schöpferischen, kreativen, konstruktiven Energie, der inneren Kraft und Fülle, der Gedankensubstanz, der Inspiration und Visionen, der Flexibilität, der Willenskraft, der Freiheit, der Veränderung der Sicht, der Loslösung von überholten, nicht mehr stimmigen Gedankenstrukturen (ohne einschränkende Gedankenmuster entsteht Freiheit), des Verlassens von Normen, um eigenen Wegen zu folgen – immer mit der Ausrichtung auf das Wohl aller.

Aus der Energie des *absoluten Seins* oder des „**Ich bin**" der O wird eine Definition der *Ich*-Vorstellung gesucht, die zu „**Ich** bin" führt, womit die Erfahrung der Unvollständigkeit ihren Lauf nimmt, die Illusion der Trennung geboren ist.

Für die 1 kann es mitunter schwierig sein, aus einem gewissen Schubladendenken herauszufinden. Häufig im Denken, in vielen Ideen verstrickt, ist die Umsetzung in die Tat, das Handeln, das Übernehmen von Verantwortung teilweise blockiert, die Bodenhaftung fehlt oder wird einfach als lästig empfunden. Wenn der Mensch mit der Energie der 1 auf der Verstandesebene verhaftet bleibt, kann sich das so äußern, dass er „Zertifikate sammelt" und am Ende nicht erkennen kann, was er aus diesem Wust von Methoden, Techniken und Informationen nun tatsächlich zum Einsatz bringen kann. Dies überfordert in hohem Maße.

Es kann sein, dass die 1, bedingt durch die vielen guten Ideen, die sie im Kopf hat, dazu neigt, sich zu verzetteln und sich von Idee zu Idee zu hangeln. Da sie Schwierigkeiten damit haben kann, Ideen ins Außen zu bringen, realistische Projekte so lange zu verfolgen, bis sie verwirklicht werden können, sucht sie möglicherweise jemanden, der ihr dieses lästige Thema abnimmt.

Es kann an der Ernsthaftigkeit mangeln, sich wirklich produktiv mit der Idee auseinanderzusetzen. Nach außen entsteht der Eindruck eines Traumtänzers, oft auch eines Einzelgängers, gefangen in seinen Vorstellungen, die häufig auch fern aller Realität angesiedelt erscheinen.

Im erlösten Zustand wird erkannt, dass Inspiration und Gedankenkraft Werkzeuge sind, um den göttlichen Plan, das geistige Prinzip zu verwirklichen, und um die zur Verfügung stehende Kraft und Fülle zu erkennen und mit Leichtigkeit aus ihr zu schöpfen. Das Prinzip der schöpferischen, kreativen Energie ist so zu verstehen, dass Wille und Schöpferkraft vereint erschaffen, was in die Materie umzusetzen ist.

Fragen, die ein Mensch mit der Energie der 1 als Lebensaufgabe sich stellen kann:

* Ist meine Idee so realistisch, dass sie umsetzbar ist, und will ich das wirklich?
* Wie ernst ist mir das entsprechende Thema?
* Verstricke ich mich gerade in eine Vielzahl von Ideen?
* Stimmen mein Sein und mein Verstand überein?
* Wo in meinem Leben ertappe ich mich eventuell bei Traumtänzereien?
* Wie ernsthaft gehe ich die Dinge an?
* Nehme ich mir zu viel vor?

BODENSTÄNDIGKEIT ERLANGT EIN MENSCH MIT DER ENERGIE DER 1 ALS LEBENSAUFGABE ÜBER DIE AUSEINANDERSETZUNG MIT DER ENERGIE DER 6 DES ELEMENTS ERDE.

DIE ENERGIE DER 2

Feuer

Wissen sammeln; bewusste Polaritätserfahrung; Identität und Gleichgewicht; Suche; Erkennen und Überwindung des Trennungsgedanken; Grenzerfahrungen, die zu Schlüsselerlebnissen führen können; klares Gespür für Grenzen; Selbstfindung; Sensibilität; Persönlichkeitstransformation.

THEMA DER 2

Menschen mit der Energie der 2 befinden sich auf der Suche nach der Ganzheit des Seins durch ganz bewusstes Erleben der Dualität. Sie erfahren so die scheinbare Trennung und Identifikation zunächst als real. Sie unterliegen dem Prinzip des Alles oder Nichts. Im verbissenen Entweder-Oder der 2 bleibt kein Raum für das dazwischen Liegende. Das kann, da diese Feuerenergie die Kraft der leidenschaftlichen Emotionen in sich trägt, zu überschießenden Reaktionen führen, als würde die Feuerenergie in einer lodernden Stichflamme aufbrechen. Im unerlösten Feuer wird der Mensch häufig von heftigen, oft selbstzerstörerischen Emotionen geschüttelt, wobei er aber vom wahren Fühlen getrennt bleibt. Das Verhaftetsein auf der Ebene der Polarität, in der Einteilung in Gut und Böse, in der Wertung und des Urteilens, in der Rechthaberei, symbolisiert den Kampf des Egos, der so lange andauert, bis das

Element Feuer erlöst ist. Erst wenn das Prinzip der Polarität durchschaut ist, wird diese Thematik zu lösen sein.

Es geht darum, die zwei Seiten als einer Medaille zugehörig zu erkennen, endlich die Illusion der Trennung, der Täuschung zu durchschauen. Es geht darum, der inneren Stimme zu vertrauen, die dem Gespaltensein, dem Zweifel, der Suche nach dem verloren geglaubten, Heilung versprechenden Aspekt durch Bewusstwerdung, durch die Gnade der Einheitserfahrung ein Ende setzt. Menschen mit der Energie der 2 sehen sich der Lebensaufgabe gegenüber, das Misstrauen, die starken Zweifel und Selbstzweifel zu überwinden und zu erkennen, dass alle Aspekte in jedem Menschen angelegt und verfügbar sind. Sie sind besonders aufgefordert, die Projektion ins Außen zurückzunehmen und alles in sich zu finden.

Zunächst häufen sie oft unendlich viel Wissen an, weil sie glauben, den Hintergrund der Polarität dadurch zu verstehen. Leider verfangen sie sich dabei oft in Gedankenkonstrukten wie in einem Laufrad und bleiben in der endlosen Auseinandersetzung mit der Thematik.

Die Suche nach der verloren geglaubten Seele lässt intensive Gefühle des Getrenntseins aufkommen (Zwei-fel, Zwei-heit, Ver-zwei-flung). Diese scheinbare Trennung, die sie als real erleben, macht ihnen Angst und lässt sie Schutzmechanismen aufbauen. Sie fühlen sich schnell angegriffen und wähnen sich dabei schutzlos ausgeliefert. Polare Aspekte auf der Gefühlsebene werden oft als extrem erlebt. Konkurrenzdenken und der Glaube daran, zum Überleben besser sein zu müssen oder zu wollen, begleiten sie. Aus dem Trennungsgefühl heraus entsteht eine starke innere Unruhe, das Gefühl der Ohnmacht und immer wieder das intensive Bedürfnis, diese Trennung verstehen, vom Verstand her beweisen zu wollen, wie sie funktioniert. Ein starker Zweifel an nicht beweisbaren Dingen lässt sie stets auf der Hut sein.

Es kann ihnen schwerfallen, den Verstand auszuschalten und ihren Gefühlen zu trauen.

Im Grunde machen sie unbewusst Gott für die Trennung verantwortlich. Immer wieder versuchen sie, sich aus den Fallstricken des Egos zu befreien, und erkennen verzweifelt, dass dies ohne Integration der abgelehnten Teile nicht gelingt. Das teilweise tief verwurzelte Misstrauen führt dazu, dass Menschen der 2 glauben, die Kontrolle über alle Bereiche ihres Lebens behalten zu müssen, was zu verstärktem Stress führt.

Fragen, die sich Menschen mit der Energie der 2 als Lebensaufgabe stellen können:

* Was lässt mich zweifeln?
* Sind meine Zweifel berechtigt?
* Was glaube ich, verloren zu haben (Halt, Zuneigung, Liebe, etc.)?
* Wie stark ist mein Glaube, etwas verlieren zu können?
* Wie drückt sich meine Suche aus?
* Wie stark berühren mich die polaren Kräfte, wie viel Macht gebe ich ihnen?
* Welche Aspekte lehne ich ab, welche erlaube ich mir zu leben?
* Welche Wertung habe ich in Bezug auf: gut – schlecht, richtig – falsch etc.?
* Wie macht sich das Gefühl, von etwas getrennt zu sein, bemerkbar?
* Wo will ich die Kontrolle unbedingt behalten?

DIE UNTERSTÜTZUNGS-ENERGIE DER 2 LIEGT IN DER 7 (HINGABE) DES ELEMENTS WASSER.

3 DIE ENERGIE DER 3

Feuer

ESSENZ

Einheitsbewusstsein; Rückbindung an den Ursprung; Grenzen sprengen; Befreiung aus starren Mustern; konstruktives Engagement; Kommunikation; Liebe statt Zwietracht ins Leben
bringen und damit Resonanz hervorrufen; transformierende Auflösung und Überwindung aller
Polarität und damit Ende der Sehn-sucht; die
Erkenntnis der Illusion der Polarität führt dazu,
diese in der Einheit allen Seins zu finden.

THEMA DER 3

Die 3 befindet sich auf der Suche nach dem göttlichen Prinzip. Ihre teilweise stark ausgeprägte
Selbstablehnung äußert sich in ihrem Problem mit
Gott, im Fehlen des Urvertrauens. Sie möchte Gott
über den Verstand begreifen und fühlt gleichzeitig
die Ohnmacht darüber, dass dies nicht gelingt. Das
führt häufig zu endlosem Denken, das sich im Kreis
dreht und innere Unruhe auslöst, die eine tiefe,
nahezu unstillbare Sehnsucht nach Stille und Frieden mit sich bringt. Selten wird die Trennung von
der Einheit so schmerzhaft erlebt wie im unerlösten Zustand der 3. Die tiefe Sehnsucht nach
Rückbindung und das Erleben des scheinbaren
Abgetrenntseins von allem bringt unerträgliche
Spannung mit sich und führt zu einem ständigen

Kampf, zu Angst vor Kontrollverlust und damit zu emotionalem Dauerstress. Wohl kaum ein anderes Zeichen leidet so unter seinen nahezu unkontrollierbaren Emotionen wie das unerlöste Feuer. Der 3 ist es fast unmöglich, eine nicht emotionsgeladene Kommunikation zu führen. Solange sie die selbst auferlegten Einschränkungen nicht erkennt, wird sie diese nach außen projizieren und damit immer wieder Einschränkungen durch ihr Gegenüber erfahren. So sind Machtspiele vorprogrammiert und halten weiter im Spiel der Emotionen gefangen. Das führt dazu, dass die 3 oft eher ungesunde Beziehungen, die zu Abhängigkeit führen, eingeht, als sich diesem Schmerz zu stellen und ihn zu durchschauen. Da die 3 eine immense Sehnsucht hat, angenommen zu sein, einfach sein zu dürfen, ist sie häufig bemüht, sich entweder anzupassen, unterzuordnen und dabei ihre eigenen Bedürfnisse zu unterdrücken, was dann zu Autoaggressionen führt, oder aber sie versucht dem anderen, sehr subtil meist, ihre Lebensweise, oft unter Tränen, die aber einer immensen Wut entspringen, überzustülpen. Im unerlösten Zustand, von ihren Emotionen aus der Mitte gerissen, ist sie selten in der Lage, die bestehenden Probleme wertfrei und ohne Schuldzuweisung zu diskutieren, in der Hoffnung, wenigstens ein wenig Kontrolle und Macht über die Situation zu besitzen. Die 3, die so sehr die Einheit vermisst, leidet oft unter unbewussten Schuldgefühlen. Dabei geht es darum, in wahre Kommunikation zu gehen und

Verantwortung zu übernehmen. Verantwortung für das, was im Augenblick ist, Verantwortung für das Leben.

Sie wird durch Lebensumstände dahin geführt, zu erkennen (oder erkennen zu müssen), dass nur durch Rückbindung das Urprinzip erkannt und erfahren werden kann. Polarität vereint in Gott, dies bedeutet die Erkenntnis, dass aus der Einheit alles erscheint und sich in ihr wieder auflöst.

Es geht um die Überwindung des Traumes der scheinbaren Dualität, um das Erkennen, dass unterschiedliche Aspekte die Ganzheit ausmachen und darum zu verstehen, dass alles im sogenannten Außen tatsächlich nicht in der angenommenen Trennung existiert, sondern das erschaffene Gesamtbild darstellt.

Innere Unruhe, Ohnmachts- und Schuldgefühle, nicht ausgelebte Konflikte verlangen danach, die Macht des Egos, des richtenden inneren Aspektes zu erkennen und einengende Grenzen zu sprengen. Dringend notwendig ist die Aufgabe von Gedankenstrukturen, die der Festigung des Egos dienen.

Die Sehnsucht nach innerer Freiheit und innerem Frieden (siehe Erlösungsenergie der 8) wird dabei als Ausdruck der Befreiung vom Ich als alles bestimmendem Ego erkannt.

Wie kaum ein anderes Energiezeichen ist die 3 von tiefster Sehnsucht geprägt, die göttliche Einheit zu erkennen und sich ihr wieder anzuschließen. Dieser Lebensaufgabe fühlt sie sich verpflichtet.

In der 3 erleben wir im erlösten Zustand die im göttlichen Sein vereinte Dualität.

Die Ebene des *Ich* und *Du* wird auf die Ebene der Aufhebung der Illusion des Trennungsgedanken gehoben. Dies gilt es zu erfahren und dann in der Kommunikation mit der Umwelt umzusetzen.

Fragen, die sich Menschen mit der Energie der 3 stellen können:

* Wie erfahre ich Gott?
* Ist mir meine Sehnsucht bewusst und wohin führt sie mich?
* Wenn ich an „Einheit" denke – welche Gefühle, welche Assoziationen verbinde ich mit diesem Begriff?
* Wen mache ich für meine Unruhe und Probleme verantwortlich?
* Auf wen projiziere ich meinen Groll wegen des Trennungsgefühls?
* Erkenne ich den Grund für meine Selbstablehnung?
* Was glaube ich zu brauchen, um meine Ganzheit spüren zu können?

Um diese Thematik lösen zu können, wird eine Auseinandersetzung mit der Unterstützungsenergie stattfinden, die sich in der der 3 gegenüberliegenden 8 (in sich ruhend, innere Freiheit) findet.

DIE ENERGIE DER 4

ELEMENT

Erde

ESSENZ

Wandel zulassen; Rhythmen der Schöpfung erkennen, die Zerstörung und Erneuerung, Geburt und Tod beinhalten, und daraus Vertrauen schöpfen und Visionen leben; Geduld; Ordnung; Struktur; Zielstrebigkeit; Handeln; Geborgenheit.

THEMA DER 4

Bei der Energie der 4 besteht eine intensive Beziehung zur Natur und deren Gesetzen.

Der 4-er-Rhythmus begegnet uns immer wieder: in den 4 Jahreszeiten, 4 Mondphasen, 4 Himmelsrichtungen, 4 Elementen etc.

Es geht darum, im Rhythmus der Natur den Wandel zu begreifen, zu erkennen, was Stillstand, Starrheit bedeuten, den Widerstand gegen Gesetzmäßigkeiten aufzugeben.

Es ist wichtig, Wesentliches zu erkennen und nicht in der Erstarrung hochgesteckter materieller Ziele zu verharren.

Gedanken und Bilder scheinen die Wirklichkeit zu bestimmen – nun kommt es darauf an, dahinterzuschauen! Daraus gewonnene Erkenntnisse werden ganz selbstverständlich ins Leben integriert.

Für Menschen mit der Energie der 4 als Lebensthema gilt, Wandel unbedingt zuzulassen, den Rhythmus der Schöpfung zu erkennen, das göttliche Gesetz ins Leben fließen zu lassen, sich der Bewegung hinzugeben und Widerstand aufzugeben, diese Erkenntnisse in die Materie einzubinden. Rhythmen erkennen, heißt auch zu verstehen, dass nichts festgeschrieben ist, alles dem ständigen Wandel unterliegt. So gilt es auch, zu erkennen, dass es eine Illusion ist, Gott festschreiben, auf etwas festlegen zu wollen. Dies erfordert ein hohes Maß an Flexibilität.

Häufig bereitet es Schwierigkeiten, den eigenen Rhythmus zu finden. So ist es möglich, dass die dringend erforderlichen Pausen im unbewussten Zustand durch Krankheit eingefordert werden, weil ein Mensch der 4 sich diese Pausen selbst verweigert. Er hält sie für unangemessen. Oft fällt es ihm schwer, individuelle Kraftreserven einzuschätzen. Er erkennt seine Grenzen und ganz persönliche Belastbarkeit nicht unmittelbar. Obwohl der Körper sein dringendes Bedürfnis nach Ruhe signalisiert, wird dies häufig zugunsten der Aktivität ignoriert. Über das Erkennen der Rhythmen in der Natur begreift die 4 dann, dass sie ihrem eigenen Rhythmus Beachtung schenken muss. Sie beginnt, ihn zu akzeptieren, mit dem zufrieden zu sein, was im Moment ist, im Fluss zu bleiben, sich nicht zu verausgaben, sondern Sequenzen der Ruhe nicht nur einzuhalten, sondern sie auch zu genießen. Der Biorhythmus des Körpers unterliegt Schwankungen. Je sensibler die Bedürfnisse des Körpers wahrgenommen werden, umso besser erfolgt die

Anpassung. Solange dem nicht stattgegeben wird, besteht der Ruf des Körpers nach Rückzug und Ruhe meist über körperliche Beschwerden.

Da die 4 immer handeln will, Arbeit (in welcher Form auch immer) für sie im Vordergrund steht, fällt ihr Geduld häufig schwer. Es gehören Struktur und Ordnung dazu, den eigenen Rhythmus zu erkennen, wobei Ordnung nicht als Perfektionismus zu verstehen ist!

Fragen, die sich Menschen mit der Energie der 4 als Lebensaufgabe stellen können:
* Erkenne ich die Gesetzmäßigkeiten in den Rhythmen der Natur?
* Akzeptiere ich Zeiten der Ruhe für mich?
* Habe ich ein Verlangen nach Stille und Rückzug, und gebe ich dem nach?
* Verurteile ich mich, wenn ich mal nichts tue?
* Wo lasse ich mir Zeit in meinem Wachstumsprozess?
* Wo würde ich am liebsten Stufen überspringen?

DIE UNTERSTÜTZUNGS-ENERGIE FINDET SICH IN DER 9 (INNERE WEISHEIT, EINSICHTEN) DES POLAREN ELEMENTS DER LUFT.

5 Die Energie der 5

Erde

Wahrheitssuche; innere Wahrheit erkennen; Erweiterung der Wahrnehmung; Sinn des Lebens erkennen; Vermittlung zwischen dem Selbst und der Welt; mit Liebe helfen und dem Ganzen dienen; Heilung und Heiligung; der Stimme des Herzens folgen; den Himmel auf die Erde bringen.

THEMA DER 5

Der 5 kommt eine Sonderstellung zu. Sie wird dem Element Erde zugeordnet und steht als einzige Energie der 0, dem absoluten Sein, direkt gegenüber, stellt so den Mittler zwischen Himmel und Erde dar.

Der Lernauftrag der 5 erfordert die Erkenntnis, dass Liebe die Voraussetzung für alles Wirken ist, wobei es nicht darauf ankommt, ständig *handeln* zu wollen, sondern wachsam und bereit zu sein, um entsprechende Situationen zu erkennen. Die 5 erkennt oft zunächst nicht, dass Liebe nicht heißt, „zu weich, zu nachgiebig, lieb zu sein". Sie versucht das, was jeder in seiner Essenz wirklich ist – ein Ausdruck von Liebe – zu verstecken, legt sich einen Panzer zu, grenzt sich ab – voller Angst, es könnte jemand den weichen Kern hinter der rauen Schale entdecken. Doch es besteht, zunächst unbewusst, die tiefe Sehnsucht, den Sinn des Lebens und der tiefen Liebe dahinter zu erkennen und dieser zu folgen. Durch Rückbindung an den Ursprung des Lebens kann Ganzheit erlebt und gelebt werden. Den Himmel auf die Erde zu bringen wird nur aus dem Bewusstsein des tiefen Angebundenseins gelingen. Liebe kann erst dann fließen, wenn die Egostrukturen überwunden sind.

Der Schulung der Wahrnehmung, der fünf Sinne, kommt große Bedeutung zu, um wieder für die eigenen Bedürfnisse und die anderer Menschen sensibel zu werden. Es geht darum, den Sinn allen Seins zu erkennen und aus erweitertem Bewusstsein heraus zwischen dem Selbst und der Welt zu vermitteln. Das heißt, die Dinge wirklich zu durchschauen, die Illusion zu erkennen, sich an das Sein anzuschließen und diese Energie in das tägliche Leben einfließen zu lassen. Es gilt, der Stimme des Herzens zu folgen, sich an die hingebungsvolle Erfüllung des erkannten Auftrages zu begeben, wieder einzutauchen in die Essenz allumfassenden Bewusstseins, sich auf das innere, absolute Sein, die göttliche Energie jenseits von Raum und Zeit einzulassen. Wenn die 5 ihre Rolle erkannt hat, ist ihr Handeln absolut segensreich zum Wohl der Allgemeinheit.

Menschen mit der Energie der 5 als Lebensaufgabe können sich fragen:

* Wie trete ich im Außen auf?
* Bin ich mir meines wahren Seins bewusst?
* Versuche ich, meine Weichheit hinter einer rauen Schale zu verstecken?
* Mit welchem Bild bin ich aufgewachsen (ein Junge weint nicht etc.)?
* Wo fühle ich mich verletzt?
* Bin ich mir meiner Bedürfnisse und der Bedürfnisse anderer bewusst?
* Was kann ich verlieren, wenn ich meine Maske fallen lasse?
* Was bringt mir Härte?
* Wovor habe ich Angst?

DIE DER 0 UND DAMIT DEM URSPRUNG ALLEN SEINS DIREKT GEGENÜBERLIEGENDE 5 MUSS ERKENNEN, DASS SIE IHRE GANZHEIT NUR ÜBER DIE ERLÖSUNGS-EBENE DER 0 LEBEN KANN UND DAMIT EIN GANZ BEWUSSTES EINLASSEN AUF DIE THEMATIK ERFORDERLICH IST.

6 DIE ENERGIE DER 6

ESSENZ

Erkennen und tiefes Verstehen von Zusammenhängen erfordern Kompetenz und ständige Auseinandersetzung mit sich selbst; Manifestation der schöpferischen Ideen in der Materie; Hinterfragung eigener Persönlichkeitsstrukturen und Verhaltensmuster; Überprüfung von Normen, Festlegungen, Vorschriften auf ihren Wahrheitsgehalt und ihre Gültigkeit; Bereitschaft, Verantwortung zu übernehmen; Neugier.

THEMA DER 6

Menschen mit der Energie der 6 sind aufgefordert, Verantwortung dafür zu übernehmen, dass die kreative, geistige Energie (betrifft auch die sexuelle Energie) in die richtigen Bahnen gelenkt wird – womit sie zunächst oft Schwierigkeiten haben.

Das Erkennen von Zusammenhängen, die Umsetzung von Ideen, ihre Überprüfung und Durchsetzung, die Bereitschaft, Verantwortung zu übernehmen, ermöglichen es, dass die auftretenden Lernerfahrungen der Bewusstwerdung dienen. Die damit verbundene Neugier, hinter die bereits bekannten Dinge zu schauen, unterstützt den Erkenntnisprozess. Nicht einfach zu glauben und zu übernehmen, was erzählt, geschrieben oder vorgegeben wird, sondern dies wirklich zu überprüfen, sich damit auseinanderzusetzen, sich gegebenenfalls auch auf Konflikte einzulassen, sind wichtige Grundsätze, um so die Wahrheit für sich herauszufinden, und Zusammenhänge zu erkennen.

Es geht bei der 6 darum, Wissen in die Materie zu bringen und umzusetzen, das schöpferische Potenzial der 1 wirklich zu manifestieren.

Was nützen die besten Ideen, wenn sie nicht umgesetzt werden, weil sie in der Überprüfung, die anschließend wieder analysiert, erneut überprüft wird, steckenbleiben?

Sich hieraus zu befreien, erfordert Geduld und Toleranz sich selbst und anderen gegenüber und die Bereitschaft, aus der Vorherrschaft des Denkens auszubrechen. Es verlangt, sich intensiv mit den Gesetzmäßigkeiten der Natur, mit dem Prinzip des Erdelements auseinanderzusetzen, um das schöpferische Potenzial im Einklang damit zu manifestieren – zum Wohl des Ganzen.

In der erlösten Form werden Zusammenhänge problemlos erkannt und Ideen nach Prüfung und Abwägung positiv in der Materie manifestiert.

Menschen mit der Energie der 6 als Lebensaufgabe können sich fragen:

* Wo verliere ich mich in Überprüfungen?
* Wo erkenne ich in meinem Handeln eine gewisse Starrheit?
* Wo in meinem Leben fühle ich mich festgefahren?
* Inwieweit habe ich Angst davor, geprüft oder überprüft zu werden?
* Inwieweit sind Überprüfungen auch mit Macht verbunden?
* Wie viel Macht räume ich anderen in meinem Leben ein, indem ich glaube, was mir erzählt wird, oder mich Normen anpasse, die nicht meine sind?
* Wie gehe ich mit Konflikten um?
* Erkenne ich die Zusammenhänge?
* Habe ich Geduld mit mir und anderen?
* Wie viel Interesse habe ich, hinter vordergründig bekannte Dinge zu schauen?

DIE ENTSPRECHENDE UNTERSTÜTZUNG ZUR LÖSUNG DER AUFGABE BIETET DIE 1 DES POLAREN ELEMENTS LUFT.

7 DIE ENERGIE DER 7

ELEMENT
Wasser

ESSENZ

selbstlos dienende Hingabe; Überwindung der (Selbst-) Täuschung; Freiheit des Seins und daraus resultierendes Selbst-vertrauen und Selbstüberwindung = tiefster Lernprozess; Vergebung; Vertrauen; Offenheit; Bewusst-Sein auf tiefster Ebene des Einverstandenseins mit allem, was ist; Aufgeben des Widerstandes; Geborgenheit im Loslassen.

THEMA DER 7

7 Tage brauchte das göttliche Bewusstsein zur Schöpfung – 6 davon waren mit Arbeit ausgefüllt, der 7. Tag galt der Hingabe an das Erschaffene, dem Sieg und der Freiheit, die damit verbunden war.

Menschen mit der Energie der 7 werden in ihrem Leben mit dem Thema der wirklichen Hingabe an das, was ist, und dem „dein Wille geschehe" konfrontiert.

Damit verbunden geht es um die Überwindung alter Egostrukturen, darum, durch Selbstüberwindung die Freiheit des Seins zu erkennen, somit den Sieg zu erlangen, der von Fesseln befreit, sich dem Fluss des Lebens anzuvertrauen und den Sieg über sich selbst zu erringen. Die 7, die nicht erkennt, dass am Ende des Tunnels das Licht ist, bleibt darin gefangen, vor allem die Hindernisse auf dem Weg zu sehen und sich selbst ständig neue Hindernisse zu errichten. Dann hindern sie liebgewordene Dinge, alte Gedankenstrukturen, überkommene Glaubensmuster sowie das Festhalten an scheinbaren Realitäten daran, voranzugehen und alte Strukturen einfach zu überwinden. Loslassen und Hingabe werden teilweise mit Sterben gleichgesetzt, sind mit Angst belegt und lösen Panik aus.

Hingabe an das Selbst, Erkennen von Illusionen und Überwindung von Hürden ermöglichen den Sieg über die machtvollen, auch materiellen Aspekte des Egos. Dies führt letztlich auch dazu, dem wahren Selbst wieder vertrauen und damit der Weisheit und Liebe in sich selbst, die untrennbar von der Liebe unendlichen Seins ist, begegnen zu können.

Geborgenheit ist nur im Loslassen zu finden.

Es gilt, tiefe Gefühle und Bedürfnisse zu erkennen, um wieder in Fluss zu kommen.

Fragen, die sich Menschen mit der Energie der 7 als Lebensaufgabe stellen können:

* Was bedeuten Loslassen und Hingabe für mich?
* Was befürchte ich, wenn ich mich zu sehr öffne?
* Wie bremse ich mich selbst aus?
* Woran halte ich mich fest und stehe meiner eigenen Ent-wicklung im Weg?
* Wie erlebe ich emotionale Konflikte?
* Bin ich mir alter Strukturen bewusst?

DIE ENTSPRECHENDE UNTERSTÜTZUNG ZUR LÖSUNG DER AUFGABE FINDET SICH IN DER 2 (ERKENNEN VON ILLUSIONEN DER TRENNUNG) DES POLAREN ELEMENTS FEUER.

8 DIE ENERGIE DER 8

Wasser

ESSENZ

das absolute Ruhen in sich (Buddha-Natur) und das sich daraus ergebende Ende von negativer Bewertung und ewigem Urteil; tiefer innerer Frieden, Stille, Güte und Mitgefühl; das Wissen um die Unendlichkeit, innerer Gleichklang, Gleichgewicht und absolute Harmonie auf der geistigen Ebene; Vertrauen; Recht, Gerechtigkeit, Wahrheitsfindung; Toleranz; Balance; tiefes Wissens um eigene Gesetzmäßigkeiten.

THEMA DER 8

Menschen mit der Energie der 8 als Lebensauftrag fühlen sich oft inneren Unruhen und Ängsten ausgesetzt. Es geht um die Auflösung von Disharmonien, Ängsten und starren, engen Grenzen in die Unendlichkeit hinein, um die Bewusstmachung, wie energieraubend der Kampf gegen Kontrollverlust ist und welche Illusion sich damit verbindet. Manchmal laufen Mensch mit der Energie der 8 als Lebensauftrag Gefahr, Ruhe und Frieden als Phlegma aufzufassen. Ihr Harmoniebedürfnis kann sich so auswirken, dass sie sich unter dem Deckmantel der Ruhe und Ausgeglichenheit eine Scheinwelt zurechtbasteln, ein Gedankenkonzept aufbauen, wie die Welt zu sein hat und dann ängstlich darauf bedacht sind, dieses Konstrukt aufrechtzuerhalten. Sie verstehen nicht, dass diese Illusion wie ein Kartenhaus zusammenbricht, weil Aspekte, die gelebt werden wollen, unterdrückt werden.

Diskussionen und Auseinandersetzungen werden häufig vermieden, und die Menschen mit der Energie der 8 wundern sich dann, dass sie dennoch immer wieder damit konfrontiert werden.

Die 8 strebt nach dem tiefen Wissen um die geistigen, wahren Gesetzmäßigkeiten des Universums, um die Unendlichkeit und Zeitlosigkeit, die sich im symbolischen Ausdruck der Lemniskate (∞) findet.

Sie stellt im erlösten Zustand die Buddha-Energie des In-sich-Ruhens, der absoluten Balance, der Harmonie auf allen Ebenen dar. In sich ruhend lebt sie absolute Gerechtigkeit.

Nach all dem Kampf kehrt Frieden ein, indem die Illusion, der Traum der sogenannten Realität entlarvt ist.

Die Wünsche sind nun im Einklang mit den höchsten Idealen.

Auch Verstand und Gefühl sind im Einklang, und die wahre Macht wird in der Liebe erkannt.

Anhaftung, Kontrolle sind überflüssig, weil erkannt wurde, dass Frieden, Geborgenheit nur im eigenen Sein gefunden werden kann.

Harmonie wird aus der Erfahrung unendlichen Seins bezogen.

Durch die Verbindung getrennter Elemente wird scheinbar isolierten Teilen Ganzheit verliehen.

Sie verbindet die Dualität von Sein und Nicht-sein.

Fragen, die sich Menschen mit der Energie der 8 als Lebensaufgabe stellen können:

* Wo verwechsele ich In-mir-Ruhen mit Phlegma und Nichtstun?
* Wo habe ich festgefahrene Denkmuster darüber, wie Harmonie und Ruhe auszusehen haben?
* Wo versuche ich unter dem Deckmantel der Gerechtigkeit meine Vorstellungen von Recht durchzusetzen?
* Wo ist mein Harmoniestreben ein echtes, um etwas für das Wohl aller zu tun?
* Und wo will ich Auseinandersetzungen aus dem Weg gehen und zwinge mein Harmonieverständnis anderen auf?
* Welche Aspekte meines Seins schließe ich aus?

DIE ENTSPRECHENDE UNTERSTÜTZUNG ZUR LÖSUNG DES THEMAS BIETET DIE 3 (RÜCKBINDUNG AN DEN URSPRUNG) DES POLAREN ELEMENTS FEUER.

DIE ENERGIE DER 9

ELEMENT
Luft

ESSENZ

Weisheit; Gnade; Frieden; Kraft zur Transformation; Erkennen der eigenen Philosophie; spirituelle Einsichten und tiefste Erkenntnisse auch darüber, dass die Dinge ganz anders sind, als sie zu sein scheinen; Vollendung; Lebensklugheit; Prozess der Wandlung in eine höhere Seinsebene hinein, wozu Mut und Stärke und Vertrauen erforderlich sind.

THEMA DER 9

Der Mensch mit der Energie der 9 als Lebensaufgabe steht der Hinterfragung des eigenen Seins und der tiefen Auseinandersetzung mit diesem gegenüber, die zur völligen Auflösung alter Strukturen führen. Zunächst kann dies, verständlicherweise, mit Angst besetzt sein, denn – was kommt danach?

Die Gefahr besteht, das höchste Ziel aus den Augen zu verlieren.

Es geht um die Überprüfung alter Ziele und Ansichten, um innere Einkehr und darum, das Leben nach höheren Werten auszurichten.

Besinnung auf Instinkt und Intuition, um sich so zu den wirklich wichtigen Dingen und deren Lösung führen zu lassen, sind unverzichtbar.

Durch Selbst-Erkenntnis, innere Weisheit und Einsichten auf höherer Ebene entsteht die Bereitschaft, anderen zu helfen, ihren Weg zu bewältigen und ihre ganz eigene Philosophie zu ergründen.

Wenn das Selbst erkannt ist, entsteht aus der sicheren Grundlage des Seins die Verpflichtung, für andere als Wegweiser zu dienen.

Ein hektischer Alltag mit Reizüberflutung steht dem oft zunächst unbewussten Wunsch nach tiefer Selbsterkenntnis im Weg oder wird als dankbare Ausrede benutzt, um sich nicht mit tieferen Seinsfragen, die Angst auslösen, auseinandersetzen zu müssen. So ist Arbeit ein gern willkommenes Mittel zur Ablenkung. Da sich Menschen mit der Energie der 9 oft mehr aufbürden (lassen) als ihnen guttut, entsteht leicht Frustration, die der Überlastung zugeschrieben wird. Sie ist aber viel eher der Mahnung der inneren Stimme zuzuordnen, die energisch zur Stille drängt. Vermeidung des anstehenden Rückzugs, der der Wandlung in eine höhere Seinsebene dienen würde, ruft unbewusst Schuldgefühle hervor, die ins Außen projiziert werden. Man macht sich dann Gedanken, fühlt sich schuldig für bestimmte Situationen, bis die wirklichen Zusammenhänge erkannt werden. Oftmals wird dieser Rückzug als „Weltentfremdung" verstanden. Das Gegenteil ist jedoch der Fall! Wenn Auflösung bis ins Sein hinein erfahren wird, kann der Mensch, diese Erkenntnisse im Alltag lebend, zum Vorbild und Wegweiser für andere werden.

Die Energie der 9 führt zur Erkenntnis, dass in der Tiefe eine andere Wahrheit, *die* Wahrheit verborgen ist, dass die Dinge anders sind, als sie scheinen, und dass der Verstand die trennende Illusion errichtet, wenn er glaubt, alles verstehen und erklären zu können oder zu müssen. Doch dazu bedarf es des Rückzugs von der Ebene der materiellen Erscheinungswelt zum nichtmanifesten Sein. Letzten Endes geht es bei der Energie der 9 darum, das geistige Prinzip des Elements Luft in seiner wahren Form zu verinnerlichen. Das bedeutet, den Verstand so einzusetzen, dass er wirklich auf höchster Ebene von Nutzen sein kann, um die Einheit aller Dinge, der sichtbaren ebenso wie der unsichtbaren, zu erkennen und dementsprechend zu handeln.

Menschen mit der Energie der 9 verspüren oft, oder zumindest zeitweise, eine tiefe Sehnsucht nach absolutem Rückzug, nach einem Eremitenleben, nach Ruhe, um sich nach höchsten Prinzipien auszurichten und die Wandlung in eine höhere Seinsebene hinein zu vollziehen.

Es ist jedoch wichtig, das Bedürfnis nach Rückzug nicht zu einer Weltflucht werden zu lassen. Deshalb sind Menschen mit der Energie der 9 aufgefordert, ihre Motive klar zu erkennen, um den Rückzug positiv zu nutzen, indem sie alle Kraft in sich sammeln, um sich selbst zu finden. Aus diesen Zeiten des Alleinseins schöpfen sie die Kraft, um die Welt später an ihren Erfahrungen teilhaben zu lassen.

Fragen, die sich Menschen mit der Energie der 9 als Lebensaufgabe stellen können:

* Welche Motivation steht hinter meinem Bedürfnis nach Stille und Rückzug?
* Nutze ich die Zeit der Stille, um Erkenntnisse für mein Leben zu erhalten?
* Glaube ich, den Rückzug zu brauchen, weil der Alltag mich aufregt?
* Flüchte ich mich in die Stille, um mit alltäglichen Situationen nicht konfrontiert zu werden, mich in eine „bessere Traumwelt" zu begeben?
* Verlangt der Alltag mir scheinbar zu viel ab?
* Glaube ich, der Welt den Rücken kehren zu müssen, weil mein spiritueller Weg so weit fortgeschritten ist, dass ich mit der „normalen Welt" nichts mehr anfangen kann?
* Folge ich meiner Intuition?
* Erkenne ich die Prinzipien, nach denen ich mein Leben ausrichten möchte?
* Bin ich bereit zur Auseinandersetzung mit meinem Sein?

Um diesen Auftrag ins Leben integrieren zu können, zu einem wahren Wegweiser für andere zu werden, ist die Auseinandersetzung mit der Erdenergie der 4 unerlässlich.

DIE ESSENZ DER EINZELNEN ZAHLENENERGIEN IM ÜBERBLICK

DIE ENERGIE DER 0

ELEMENT – Äther

ESSENZ – All-Einssein, göttliches Prinzip, Urvertrauen, Ursprung allen Seins, Leere, Essenz allumfassenden Bewusstseins, göttliche Energie jenseits von Zeit und Raum.

DIE ENERGIE DER 1

ELEMENT – Luft

ESSENZ – Das sich manifestierende geistige Prinzip; Prinzip der schöpferischen, kreativen, konstruktiven Energie; der inneren Kraft und Fülle; der Gedankensubstanz; der Inspiration und Visionen; der Flexibilität; der Willenskraft; der Freiheit; Veränderung der Sicht; der Loslösung von überholten, nicht mehr stimmigen Gedankenstrukturen (ohne einschränkende Gedankenmuster entsteht Freiheit); des Verlassens von Normen, um eigenen Wegen zu folgen – immer mit der Ausrichtung auf das Wohl aller.

DIE ENERGIE DER 2

ELEMENT – Feuer

ESSENZ – Wissen sammeln; bewusste Polaritätserfahrung; Identität und Gleichgewicht; Suche; Erkennen und Überwindung des Trennungsgedankens;

Grenzerfahrungen, die zu Schlüsselerlebnissen führen können; klares Gespür für Grenzen; Selbstfindung; Sensibilität; Persönlichkeitstransformation.

DIE ENERGIE DER 3

ELEMENT – Feuer

ESSENZ –Einheitsbewusstsein; Rückbindung an den Ursprung; Grenzen sprengen; Befreiung aus starren Mustern; konstruktives Engagement; Kommunikation; Liebe statt Zwietracht ins Leben bringen und damit Resonanz hervorrufen; transformierende Auflösung und Überwindung aller Polarität und damit Ende der Sehn-sucht; die Erkenntnis der Illusion der Polarität führt dazu, diese in der Einheit allen Seins zu finden.

DIE ENERGIE DER 4

ELEMENT – Erde

ESSENZ – Wandel zulassen; Rhythmen der Schöpfung erkennen, die Zerstörung und Erneuerung, Geburt und Tod beinhalten, daraus Vertrauen schöpfen und Visionen leben; Geduld; Ordnung; Struktur; Zielstrebigkeit; Handeln; Geborgenheit.

DIE ENERGIE DER 5

ELEMENT – Erde

ESSENZ – Wahrheitssuche; innere Wahrheit erkennen; Erweiterung der Wahrnehmung; Sinn des Lebens erkennen; Vermittlung zwischen dem Selbst und der Welt; mit Liebe helfen und dem Ganzen dienen; Heilung und Heiligung; der Stimme des

Herzens folgen; den Himmel auf die Erde bringen.

DIE ENERGIE DER 6

ELEMENT – Erde

ESSENZ – Erkennen und tiefes Verstehen von Zusammenhängen erfordern Kompetenz und ständige Auseinandersetzung mit sich selbst; Manifestation der schöpferischen Ideen in der Materie; Hinterfragung eigener Persönlichkeitsstrukturen und Verhaltensmuster; Überprüfung von Normen, Festlegungen, Vorschriften auf ihren Wahrheitsgehalt und ihre Gültigkeit; Bereitschaft, Verantwortung zu übernehmen; Neugier.

DIE ENERGIE DER 7

ELEMENT – Wasser

ESSENZ – selbstlos dienende Hingabe; Überwindung der (Selbst-) Täuschung; Freiheit des Seins und daraus resultierendes Selbst-vertrauen und Selbstüberwindung = tiefster Lernprozess; Vergebung; Vertrauen; Offenheit; Bewusst-Sein auf tiefster Ebene des Einverstandenseins mit allem, was ist; Aufgeben des Widerstandes; Geborgenheit im Loslassen.

DIE ENERGIE DER 8

ELEMENT – Wasser

ESSENZ – das absolute Ruhen in sich (Buddha-Natur) und das sich daraus ergebende Ende von negativer Bewertung und ewigem Urteil; tiefer innerer Frieden, Stille, Güte und Mitgefühl; das Wissens um die Unendlichkeit, innerer Gleichklang, Gleichgewicht und absolute Harmonie auf der geistigen Ebene; Vertrauen; Recht, Gerechtigkeit, Wahrheitsfindung, Toleranz, Balance; tiefes Wissens um eigene Gesetzmäßigkeiten.

DIE ENERGIE DER 9

ELEMENT – Luft

ESSENZ – Weisheit; Gnade; Frieden; Kraft zur Transformation; Erkennen der eigenen Philosophie; spirituelle Einsichten und tiefste Erkenntnisse auch darüber, dass die Dinge ganz anders sind, als sie zu sein scheinen; Vollendung; Lebensklugheit; Prozess der Wandlung in eine höhere Seinsebene hinein, wozu Mut und Stärke und Vertrauen erforderlich sind.

INNERE REISEN ZU DEN ENERGIEN DER ELEMENTE

Wer sie nicht kennte, die Elemente,
ihre Kraft und Eigenschaft,
wäre kein Meister über die Geister.
Johann Wolfgang von Goethe, Faust I

Wenn Sie im Verlauf einer inneren Reise dem jeweiligen Aspekt des Elements danken, dann seien Sie sich dessen bewusst, dass Sie Ihrer eigenen Göttlichkeit, Ihrer Quelle oder Essenz, die Ausdruck der Einen Essenz ist, Dank erweisen. Nichts ist aus dem Außen erschienen, auch wenn die innere Reise von außen geführt zu sein scheint. Die Bilder, die Gefühle entstehen in Ihrer eigenen Mitte. So, in dieser ganz besonderen, einmaligen Form, drückt sich das Göttliche, die Essenz, die Quelle, das Bewusstsein, wie auch immer Sie es nennen, in Ihnen aus.

Und noch etwas: Diese inneren Reisen sind nicht dazu gedacht, schmerzhafte Erlebnisse aus Ihrer Vergangenheit in den Mittelpunkt zu rücken und zum eigentlichen Prozess werden zu lassen. Sollte trotzdem ein schmerzhaftes Ereignis ins Bewusstsein kommen, dann lassen Sie es da sein, ohne in die emotionale Energie hineinzugehen, sich mit der Emotion zu identifizieren. Seien Sie sich bewusst: Dieses Erlebnis, das Sie in Ihrem Unterbewusstsein gespeichert haben, gehört der Vergangenheit an! Es hat mit dem jetzigen Augenblick nichts zu tun – und es geht immer nur um *diesen* Augenblick. Indem Sie ganz in die damaligen Gefühle eintauchen, lassen Sie sie wieder so lebendig werden, als würde das Geschehen gerade jetzt, in diesem Moment stattfinden. So geben Sie dem Vergangenen sehr viel Energie und verstärken Ihr Leid. Es *findet* aber *nicht* jetzt statt. Es ist eine Emotion, die Sie mit einer ganz bestimmten Geschichte verbinden, an der Sie festhalten. Dies führt in der gegenwärtigen Situation weg vom eigentlichen Erleben, nämlich dem Erfahren der Qualität des jeweiligen Elements.

Ich will damit schmerzhafte Erinnerungen und erlebte Traumata nicht etwa verharmlosen. Tiefsitzende, aufwühlende Erfahrungen gehören jedoch in die Hand eines ausgebildeten Therapeuten.

Wenn sich herauskristallisiert hat, mit welchem Element Sie sich auseinandersetzen möchten, richten Sie sich zunächst einen für diesen Anlass entsprechenden Platz ein, an dem Sie sich wohlfühlen, legen Sie eine CD mit entspannender Musik auf und unterbinden Sie alles, was stören könnte (Telefon, Klingel, etc.).

Bereits zu Beginn habe ich einiges Grundsätzliches zu den inneren Reisen gesagt. An dieser Stelle nur kurz der Hinweis, dass alle geführten inneren Reisen in Du-Form angeleitet werden, da das Unterbewusstsein so sehr viel besser darauf reagieren kann.

Lassen Sie sich bitte voller Vertrauen in Ihre innere Weisheit und ohne feste Erwartungshaltung auf diesen Prozess ein, und vertrauen Sie darauf, dass Ihre Seele Ihnen die richtigen Bilder und Gefühle, die zum Verständnis der Thematik nötig sind, präsentiert. Machen Sie sich anschließend Notizen über das Erlebte und/oder sprechen Sie mit dem Menschen, der Sie in diesem Prozess begleitet hat, über Ihre Erfahrung. Zu einem anderen Zeitpunkt mag es sein, dass ein anderes Element vordergründig Ihre Aufmerksamkeit verlangt. Unser Leben ist ständiger Veränderung unterworfen, daher variieren die Energien, die unsere Achtsamkeit benötigen.

INNERE REISE
ZUM ELEMENT
FEUER

Mache es dir ganz bequem ... Spüre die Unterlage, die deinen Körper trägt. Lass die vergangenen Stunden noch einmal an dir vorbeiziehen ... und dann gib dir die Erlaubnis, deine Aufmerksamkeit auf deine Atmung zu konzentrieren ... Während du den Klängen lauschst, atmet ES deinen Körper auf eine sehr sanfte Weise in einen zunehmend entspannten Zustand hinein ... Atmung geschieht einfach – ohne dein Zutun ... Das Ein und Aus deiner Atmung trägt dich durch Zeit und Raum ... Gedanken, die auftauchen, werden immer unwichtiger ... Du beobachtest sie, lässt sie ohne Anhaftung, ohne ihnen Aufmerksamkeit oder Energie zu schenken, ohne ihnen Widerstand entgegenzusetzen ... einfach sein. Wie Wolken am Himmel ziehen sie vorbei, ohne Spuren zu hinterlassen ... Das gleichmäßige und ruhige Ein ... und Aus deiner Atmung zieht deine Achtsamkeit immer mehr in dein Inneres ... begleitet deinen Prozess unaufhörlich ... wie Wellen am Meer, die, aus der Unendlichkeit geboren, an den Strand rollen, um wieder in die Unendlichkeit zurückzukehren. Gib dich dem Fluss deiner Atmung ganz hin ... und lass dich von ihr tiefer und tiefer in deine inneren Räume tragen an deinen heiligsten Ort ... Und ganz wie von selbst entstehen dort Formen ... Farben ... Bilder ... Gefühle ... die dich mit dem Element Feuer verbinden ... Du nimmst die unterschiedlichen Ausdrucksformen dieses Elements wahr – die wärmenden Strahlen der Sonne ... die ruhige Geborgenheit vermittelnde Flamme einer Kerze ... das prasselnde Feuer im Kamin ... die lo-

dernden Flammen eines entzündeten Holzstoßes ...
die gierig leckenden Flammen eines Großbrandes
... die entfesselte Gewalt eines glühenden Lava-
stroms bei einem Vulkanausbruch ... Und du erkennst die Qualitäten ... die damit verbunden sind:
Durchsetzungskraft ... Energie des Antriebs ... Stärke ... Grenzen setzen können ... Begeisterung und
Lebensfreude ... Handlungsfähigkeit, Befreiung aus
starren Mustern ... Wärme ... aber auch Aggression,
Zerstörung ... Während die Bilder in ihrer Abfolge
sehr deutlich die unterschiedlichen Qualitäten des
Elements vermitteln, spürst du deine Resonanz zu
diesen Energien, stellst fest, welche Reaktionen sie
bei dir auslösen, wie tief sie dich berühren, welche körperlichen Signale sie hervorrufen ... Ohne
Wertung, ohne Urteil nimmst du einfach nur wahr,
was du fühlst ... All diese Aspekte sind in jedem
Menschen angelegt. Es sind die unterschiedlichen
Ausdrucksformen des einen Seins. In jeder dieser
Energien begegnest du der Schöpferkraft des göttlichen Bewusstseins mit absoluter Gleich-wertig-
keit.

Schmerz, Leid rufen nur die Geschichten hervor, die du mit den einzelnen Aspekten verbindest,
die Wertungen von Gut und Böse, die emotionalen
Verstrickungen, in die du dich begibst.

Und dann lösen sich die Bilder langsam auf ...
bis auf eines, das die Energie darstellt, die du zu
transformieren hast, um deinem Lebensprozess
ohne Widerstand zu folgen. Hab Vertrauen und den
Mut, dich darauf einzulassen, dir wirklich zu begeg-

nen, dich und deinen sicher vorhandenen Schmerz zu verstehen. Sei bereit, gerade diesem Anteil ohne Verurteilung gegenüberzustehen, ihn als Teil deiner Persönlichkeit anzunehmen und zu integrieren.

Gerade diesen Aspekt, den du vielleicht ablehnst, der dir eventuell Angst macht, gilt es, in dein Herz hineinzulassen, ihm den Schrecken zu nehmen, mit dem er belegt ist.

Es geht nicht darum, alle deiner Meinung nach verurteilungswürdigen Situationen wieder zu durchleben, um den Schmerz zu reaktivieren. Damit würdest du erneut in emotionalen Verstrickungen gefangen sein, dich wieder schlecht, unwürdig oder bedauernswert fühlen, dich in der Täter- oder Opferrolle finden. Weitere Frustration, nicht aber die Befreiung aus alten Mustern wäre die Folge.

Es steht an, dem Aspekt zu begegnen, ihn anzuschauen, ihm zur Heilung dein Herz zu öffnen, um zu erkennen, wie du sein Potenzial für dich wandeln kannst.

Und nun nimmst du wahr, wie das Element Feuer Gestalt annimmt ... und du stehst dem Hüter deines inneren Feuers gegenüber ...

Mach dich mit ihm vertraut ... Wie stellt er sich dir dar? Du kannst ihn nun fragen, wo in dir das Element im Ungleichgewicht ist und welcher Schritte es bedarf, um wieder in Harmonie mit ihm zu kommen.

Wo lebst du Feuer auf zerstörerische Weise? Wo hast du den Zugang zu deinem Feuer verloren? Welche Anteile hast du vielleicht schon vor langer

Zeit aufgegeben, weil es zu schmerzvoll gewesen wäre, sie zu leben oder weil du für andere zu unbequem geworden wärest und Liebesentzug erfahren hättest?

Wo hast du die Feuerenergie zu Machtzwecken missbraucht?

Und jetzt versetzt dich der Hüter des Feuers in die Lage, die wahre Kraft des Feuers zu fühlen ... Du spürst die Energie, wie sie vollendet in dir zum Ausdruck kommen möchte ... Lass dich auf diesen Prozess voller Neugier und Freude, ohne Urteil oder Wertung ein.

Spüre das Feuer ... tanze mit ihm ... sei du selbst das Feuer.

Die belebende Kraft des Elements füllt dich vollkommen aus.

Die befreiende Energie des transformierten Feuers berührt dich zutiefst und verankert sich in jeder Zelle. Und in diesem Moment kannst du den bisher abgelehnten, verdrängten, verurteilten Aspekt mit neuen Augen sehen und ihn als zu dir gehörend erkennen.

Du verstehst nun, dass er dir in bestimmten Lebenssituationen gedient hat.

Es ist an der Zeit, dich mit ihm auszusöhnen, ihm einen Platz in deinem Herzen zu schenken.

Im Verstehen dieser Zusammenhänge, die zur jeweiligen Situation geführt haben, erkennst du, dass du in jenen Momenten einfach nicht in der Lage gewesen bist, anders zu handeln – und kannst dir endlich vergeben.

Versprich dir, nun die erlöste Form der Feuerenergie zu leben. Dazu übergibt dir der Hüter deines inneren Feuers nun ein Geschenk, das dich symbolisch an die dir innewohnende Kraft erinnern soll, daran, wie sie am sinnvollsten zum Ausdruck zu bringen ist, um dich in Einheit mit deinem Sein handeln zu lassen.

Lass es auf dich wirken, und wenn dir etwas unverständlich ist, frage nach.

Bedanke dich nun sehr liebevoll bei diesem Aspekt deines Seins und nimm die Energie deines Feuers, wie es sich jetzt darstellt, noch einmal ganz intensiv wahr.

Und nun nimmt ganz von selbst eine weitere Energieform Gestalt an, und du stehst der Hüterin deines dich unterstützenden Wasserelements gegenüber.

Sie lässt dich erkennen, welche Qualität des Wassers dich bei deinem Heilungsprozess begleiten kann. Schau dir an, was sich dir zeigt ... Ist es der Aspekt der Hingabe, des Loslassens, der Reinigung, des Im-Fluss-Bleibens, des In-sich-Ruhens, des In-Harmonie-Seins?

Auf welche Art präsentiert sich dir das Wasser? Ist es eher eine Quelle ... ein Wasserfall ... ein Fluss ... ein ruhiges, stehendes Gewässer ... ein Ozean?

Die Hüterin des Wassers beantwortet jetzt deine Fragen, verbindet dich mit der Energieform, die dich auf heilsame Weise unterstützt.

Und dann überreicht auch sie dir ein Geschenk, ein Symbol, das dich an deine Unterstützungsenergie auf dem Weg zur Ganzheit erinnern soll. Wieder betrachtest du es und fragst nach, wenn etwas unverständlich zu sein scheint.

Nun bedanke dich auch bei der Hüterin des Wassers sehr liebevoll.

Lass dich noch einmal von beiden Energien durchströmen, ehe du dich auf deine Weise von deinen inneren Hütern des Feuers und des Wassers verabschiedest, im Bewusstsein, dass dein unendliches Sein dich auf diese Weise mit deinen inneren Aspekten in Kontakt gebracht hat, die ihrerseits auch nur Ausdrucksformen des einen Seins sind.

Ganz langsam verblassen die Energieformen jetzt ... und lösen sich im unendlichen Raum auf. Du beginnst nun, ganz in deiner Zeit ... deine Atmung wieder bewusst wahrzunehmen ... deinen Körper ... die Unterlage, auf der er liegt ... Du beginnst, dich zu räkeln und zu strecken, zu gähnen, öffnest die Augen und bist wieder im Hier und Jetzt verankert.

INNERE REISE
ZUM ELEMENT
WASSER

Mache es dir ganz bequem ... Spüre, wie dein Körper auf der Unterlage aufliegt und mit jedem Atemzug etwas tiefer auf diese zu sinken scheint ... Deine Atmung strömt ein und aus – ganz nach ihrem eigenen Rhythmus ... und du beobachtest sie ... ohne sie verändern zu wollen ... Und vielleicht stellst du fest ... dass sie sich ganz allmählich etwas verlangsamt ... ruhiger wird ... Jede Einatmung füllt dich mit Energie ... jede Ausatmung lässt deinen Körper tiefer in einen zunehmend entspannten Zustand gleiten. Und so gibst du dich diesem Ein und Aus deiner Atmung ganz hin ... Als Beobachter kannst du erkennen, dass deine Atmung wie von selbst beginnt, blockierte Stellen deines Körpers zu durchströmen ... wieder in Fluss zu bringen. Und ganz behutsam trägt dich deine Atmung in tiefere Räume deines Seins ... Das Außen verblasst mehr und mehr ... Deine Gedanken werden immer unwichtiger ... Du beobachtest, wie sie vorbeiziehen ... wie Wolken am Himmel ... ohne Spuren zu hinterlassen. Bekämpfe sie nicht ... gib ihnen keine Energie ... lass sie das sein, was sie sind ... einfach nur Gedanken ... Und vielleicht spürst du schon ... wie gut sich das anfühlt ... einfach sein zu lassen ... was ist, ohne sich damit zu identifizieren ... Welche Entspannung ist damit verbunden!

Deine Atmung trägt dich immer weiter zu dir ... an deinen innersten Ort, wo sich ganz von selbst Bilder ... Formen ... Klänge ... Farben ... Gefühle entwickeln, die dich mit dem Element Wasser verbinden.

Nacheinander wirst du mit den unterschiedlichen Qualitäten des Elements konfrontiert. In kurzer Abfolge wechseln die Bilder: ... Du findest dich in einer Landschaft hoch im Norden: ... Schneekristalle funkeln in der Sonne und erinnern an die Einzigartigkeit allen Seins ... Wenn du sie untersuchst, wirst du keine zwei gleich gestaltete finden. Blauschimmernde Eisberge liegen majestätisch im Wasser ... danach verbirgt dichter Nebel die Umgebung ... die sich dann als das völlige Gegenteil des eben Erlebten offenbart: ... Feuchte Wärme lässt einen Regenwald ahnen ... Während sich der Nebel auflöst ... erkennst du ... dass dicke Wolken über dem Gebiet hängen, aus denen bald große Regentropfen auf das Blätterdach über dir prasseln ... Ganz in der Nähe entspringt einer unterirdischen Quelle ein Bächlein ... das sich den Weg durch den dichten Regenwald sucht. Du schöpfst mit der Hand das kristallklare Wasser ... und während du es sehr bewusst in kleinen Schlucken trinkst ... spürst du eine tiefe Dankbarkeit für dieses Lebenselixier ... Du vernimmst ein lautes Rauschen ... und während du dem Wasserlauf folgst ... erreichst du eine Stelle ... wo das Wasser tosend in die Tiefe stürzt ... Ein wundervoller Wasserfall berauscht deine Sinne ... während du es dir am Rand des Beckens, in dem sich das Wasser sammelt, bequem machst.

Nach einiger Zeit folgst du dem weiteren Verlauf des Wassers ... Es fließt zunächst in einen kleinen Teich ... der am Rande ziemlich schlammig zu sein scheint, was einen starken Kontrast zum kristallklaren Wasser der Quelle darstellt ... Es lässt Gedanken an die Lotosblumen aufkommen ... die einem schlammigen Grund entsteigen und in makelloser Vollkommenheit und Schönheit an der Wasseroberfläche ihre Blüten entfalten ... Auf seinem weiteren Weg wird das Bett, in dem das Wasser fließt, breiter ... und breiter ... Aus dem Bächlein ist ein kleiner Fluss geworden ... der schließlich in einen großen Fluss mündet, der, von weiteren Flüssen gespeist, seinen Weg ins Meer findet ... Und schon stehst du an dessen Ufer und spürst ... wie das Wasser deine Füße liebkosend umspielt ... Unweit dieser Stelle erlebst du ... wie Wellen sich an Felsen brechen ... meterhohe Gischt in die Luft schleudern ... Auf diese Weise zeigen sie dir die immense Kraft des Elements, die Felsen unterhöhlt und Stein schleift.

Während diese Bilder dich sehr intensiv mit den unterschiedlichen Qualitäten des Elements Wasser verbinden ... erkennst du deine Resonanz zu diesem Element ... spürst, welche Qualität dich am meisten berührt ... welche Reaktionen ausgelöst ... welche körperlichen und emotionalen Signale hervorgerufen werden.

Wo fühlst du dich am meisten hingezogen ... wo fühlst du Geborgenheit ... was stößt bei dir eher auf Ablehnung?

Welche Aspekte des Elements sind dir vertraut: die Hingabe ... das Loslassen ... die Unendlichkeit ... die Kraft zur Veränderung ... Kraft der Wandlung ... das In-sich-Ruhen ... das In-Harmonie-sein ... das Im-Fluss-Bleiben?

Sei bereit, allen unterschiedlichen Aspekten dieses Elements zu begegnen.

Nimm ohne Wertung und ohne Urteil wahr, was du fühlst ... All diese Aspekte sind Ausdruck des einen Seins ... In jeder dieser Energien begegnest du der Schöpferkraft in Manifestation ... Jede der Energien ist gleich-wertig ... Werde dir bewusst, dass nur dein Verstand in Besser oder Schlechter, Ablehnung oder Zustimmung unterteilt und damit Geschichten ins Leben ruft, die Leid und Schmerz bedeuten können.

Und nun verblassen die Bilder langsam ... eines nach dem anderen bis auf eines, das die Energie darstellt, die es aufzulösen gilt, um deinem Lebensprozess widerstandslos folgen zu können.

Es gehören Vertrauen und Mut dazu, dich jetzt darauf einzulassen ... wirklich zuzulassen, dir und deinem damit möglicherweise verbundenem Schmerz zu begegnen ... um die Hintergründe zu verstehen ... Nimm den Prozess aus der beobachtenden Position wahr ... und zwar völlig emotionslos ... Sei bereit, genau diesem Anteil wertungsfrei gegenüberzustehen, ihn ohne deine Geschichte, die du mit ihm verbindest, zu betrachten.

Was kann er dich lehren, worauf will dieser Aspekt dich hinweisen, um deine Ganzwerdung, deine innere Heilung zu unterstützen?

Und vielleicht wird dir nun zum ersten Mal in deinem Leben bewusst, dass du eine ganz bestimmte Strategie entwickelt hast, um diesem Aspekt nicht begegnen zu müssen.

Vielleicht wolltest du auf diese Art Trauer oder Schmerz verhindern.

Oder aber du hattest Angst vor deinen Emotionen wie Wut oder Groll, fürchtetest Liebesentzug.

Was auch immer der Hintergrund sein mag, halte diesem Aspekt stand, um dich, deinen Prozess besser verstehen zu können.

Der Standpunkt des Beobachters bewahrt dich davor, schmerzhafte Situationen neu zu erleben, den Schmerz auf allen Ebenen erneut zu manifestieren. Denn das würde bedeuten, wieder in alten Mustern der Verwicklung gefangen zu bleiben.

Verstehe, dass zu deiner Heilwerdung genau dieser Aspekt beiträgt, dass er darauf wartet, von dir angenommen, in dein Herz aufgenommen, als zu dir gehörend erkannt zu werden ... Es geht darum zu verstehen, welch ungeheures Potenzial in diesem Aspekt für dich schlummert, und wie du dies für dein Leben einsetzen kannst.

Und zu diesem Zweck nimmst du nun wahr, wie das Element Wasser zum besseren Verständnis für dich Form annimmt: Du stehst der Hüterin deines inneren Wasserelements gegenüber ... Nimm wahr, wie es sich darstellt ... als Gestalt, Farbe, als ein Gefühl oder Klang ... alles darf sein, nichts ist besser oder schlechter.

Du kannst nun in Kontakt treten und fragen, wo das Element in dir im Ungleichgewicht ist, und was du tun kannst, um wieder in Harmonie zu kommen.

Wo lebst du Wasser auf zerstörerische Weise?

Wo hast du den Zugang zu deinem Wasserelement verloren?

Welche Anteile hast du eventuell schon vor langer Zeit aufgegeben, weil es zu schmerzhaft gewesen wäre, sie zu leben, dein Überleben nur so, ohne Verbindung zu diesem Element, gesichert schien?

Wo hast du die Energie des Wassers zu Machtzwecken missbraucht?

Und nun versetzt die Hüterin des Wassers dich in die Lage ... die ursprüngliche, unverfälschte, wahre Kraft und Macht des Elements zu fühlen ... zu spüren ... wie diese Energie optimal in dir zum Ausdruck kommen möchte, welche Wandlung das für dich bedeutet ... Nimm diesen Prozess voller Freude ... ohne Urteil oder Bewertung wahr ... Spüre das Wasser ... gib dich ihm hin ... fühle die Geborgenheit in der Hingabe ... im Loslassen ... spüre die kindliche Freude, die dich beseelt ... *Sei* das Wasser ... ohne Grenzen ... sei Verwandlungskünstlerin ... Die befreiende Energie füllt dich vollkommen aus ... und berührt dich zutiefst ... Und nun bist du in der Lage, den bisher abgelehnten, verurteilten, verdrängten Aspekt des Elements mit anderen Augen zu sehen und kannst ihn endlich als zu dir gehörend erkennen und anerkennen ... Du verstehst, wie er dir schon in der Vergangenheit in bestimmten Situationen gedient hat ... ohne dass du dies wahrnehmen konntest ... Endlich kannst du dich mit ihm aussöhnen, endlich das Gefühl, Opfer oder Täter zu sein, loslassen ... Du kannst die Zusammenhänge, die zur jeweiligen Situation geführt haben, nachvollziehen ... verstehst auch, dass du zur damaligen Zeit nicht in der Lage gewesen bist, anders zu handeln, weil du in die Illusion der Begrenztheit eingebunden warst ... Jetzt wird dir die Bedeutung von Lebensmustern klar und dass letztlich Wachstum Ent–wicklung ... Lösung der Verstrickungen vieler Lebensperioden bedeutet.

Versprich dir, von nun an mehr und mehr die erlöste Form des Wasserelements zu leben, ohne dies als Druck, als Wettbewerb anzusehen ... Es gibt nichts zu erreichen ... Es gilt nur zu verstehen, dass du bereits alles bist, dass nur deine Wahrnehmung anders fokussiert war.

Die Hüterin des Wassers übergibt dir dazu ein Geschenk, das dich symbolisch an die dir innewohnende Kraft erinnern soll ... daran, wie du sie am besten zum Ausdruck bringen kannst ... um dich in Einheit mit deinem Sein handeln zu lassen.

Lass es auf dich wirken ... und wenn dir etwas unverständlich ist, frage nach.

Du hast nun alle Zeit dafür ... Bedanke dich danach liebevoll bei diesem Aspekt deines Seins ... und nimm die Energie deines Wasserelements, wie du sie jetzt fühlst, noch einmal ganz intensiv wahr.

Und dann spürst du ... wie sich eine neue Energie zu manifestieren beginnt ... Zunächst ganz vage fühlst du diese Energieform ... bis auch sie schließlich auf ihre ganz eigene Weise Gestalt annimmt ... und du siehst dich dem Hüter des dich unterstützenden Elements Feuer gegenüber ... In seiner Gegenwart wird dir deine innere Kraft bewusst ... und er lässt dich erkennen ... welche Qualität des Feuers deinen Prozess der Heilung begleiten kann ... Schau dir an ... was sich dir da offenbart ...

Ist es der Aspekt der Durchsetzung ... des Antriebes ... der Grenzsetzung ... der Stärke ... der Begeisterung und Lebensfreude ... der Strahlkraft ... der Wärme ... der Befreiung aus starren Mustern?

Auf welche Art präsentiert Feuer sich dir? Spürst du eher die ruhige Wärme und Geborgenheit einer Kerze ... oder das prasselnde Feuer eines Holzstoßes? ... Spürst du die wärmenden Sonnenstrahlen auf deiner Haut ... oder berührt dich gerade das Schauspiel der auf- oder untergehenden Sonne? ... Fühlst du dich von einer starken Kraft getragen und inspiriert? ... Was auch immer auftaucht – nimm es mit all deinen Sinnen wahr.

Der Hüter des Feuers wird dir nun deine Fragen beantworten und dich mit der Energieform verbinden, die dich auf heilsame Weise unterstützt ... Und dann überreicht auch er dir ein Geschenk, ein Symbol, das dich an deine Unterstützungsenergie auf dem Weg zur Ganzheit erinnern wird ... Wieder betrachtest du es ... und hinterfragst, wenn etwas unverständlich bleiben sollte ... Und nun bedanke dich auch bei diesem Aspekt deines Seins sehr liebevoll ... Lass dich noch einmal von beiden Energien durchströmen ... ehe du dich auf deine Weise von deinen inneren Hütern des Wassers und des Feuers verabschiedest, im Bewusstsein ... dass dein unendliches Sein dich auf diese Weise mit deinen inneren Aspekten in Kontakt gebracht hat ... die ebenfalls nur Ausdrucksformen des einen Seins sind ... Ganz langsam verblassen die Energieformen jetzt und lösen sich im unendlichen Raum auf.

Du beginnst nun ganz in der Zeit, die du dafür brauchst, deine Atmung wieder bewusst wahrzunehmen ... deinen Körper ... die Unterlage, auf der er liegt ... beginnst, dich zu räkeln und zu strecken, zu gähnen ... die Augen zu öffnen ... und bist wieder im Hier und Jetzt verankert.

INNERE REISE
ZUM ELEMENT
LUFT

Mache es dir nun ganz bequem ... Spüre, wie dein Körper auf der Unterlage liegt ... und wie er sich mit deiner zunehmenden Bereitschaft, den Alltag für eine Weile hinter dir zu lassen ... entspannt und immer tiefer sinkt.

Während du den Klängen lauschst ... atmet ES deinen Körper auf eine sehr sanfte Weise in einen zunehmend entspannten Zustand hinein ... Ohne dein Zutun geschieht Atmung einfach ... Das Ein ... und Aus ... deines Atems trägt dich durch Zeit und Raum ... Gedanken, die auftauchen, werden immer unwichtiger ... Du beobachtest sie ... lässt sie sein ... ohne Anhaftung ... ohne ihnen Aufmerksamkeit und Energie zu schenken, ohne ihnen Widerstand entgegenzusetzen ... Wie Wolken am Himmel ziehen sie vorbei ... ohne Spuren zu hinterlassen ... Das gleichmäßige ... und ruhige Ein ... und Aus deines Atems zieht deine Aufmerksamkeit zunehmend nach innen ... Mit jedem weiteren Atemzug lässt dein Körper etwas von seiner vielleicht noch vorhandenen Anspannung los ... wird er weicher und weiter ... Es gibt nichts zu tun ... nichts zu erreichen ... nichts zu kontrollieren ... welche Entspannung! Alles, was erreicht werden will ... *ist* schon ... Was getan werden soll, geschieht von allein.

Im Erkennen des bereits vollkommenen Seins liegt die Lösung.

Nur das Ein ... und Aus ... des Atems ... begleitet den Prozess unaufhörlich, wie Wellen am Meer ... die, aus der Unendlichkeit geboren, an den Strand rollen ... um wieder in die Unendlichkeit zurückzukehren. Gib dich dem Fluss deiner Atmung ganz hin!

Ein Ja zum Geschehenlassen ... Hingabe an das ... was geschehen will ... Geborgenheit in der Hingabe ... Im Loslassen aller Identifikationen, allen Sollens, Wollens und Müssens ... liegt der Schlüssel zur Freiheit im Sein ... Atmung kommt und geht ... durchströmt dich ... Und ganz wie von selbst wirst du tiefer in deine inneren Räume getragen ... an deinen heiligsten Ort, wo Frieden und Stille ganz selbstverständlich sind.

Es geschieht ganz auf deine Weise ... einzigartig ... Vielleicht eröffnet sich dir ein ganz konkretes Bild ... ein Klang ... eine Form ... eine Farbe. Vielleicht erlebst du auch eine Leere ... ohne Begrenzung ... fühlst dich im Nichts und doch unendlich geborgen. Alles, was ist ... darf sein ... Und auf diese Weise eröffnet sich dir ein Raum, der dich mit dem Element Luft verbindet ... Du erlebst auf intensive Weise die unterschiedlichen Qualitäten dieses Elements und fühlst dich unvermittelt mitten hineinversetzt.

Du befindest dich auf einer blühenden Frühlingswiese ... Ein sanfter Wind streichelt deine Haut ... liebkost spielerisch dein Haar ... trägt den Duft der Blumen zu dir ... Schmetterlinge flattern durch die Luft ... die Blätter der Bäume rascheln leise, als ob sie sich wispernd etwas erzählen ... Der Wind trägt den wunderschönen Gesang eines Vogels zu dir ... Dieser Klang verzaubert dich ... Dann ändert sich die Kulisse: ... Schwülwarme Luft liegt bleiern über dem Land ... macht das Atmen schwer ... Zusammen mit einer fast unheimlichen Stille erzeugt dies eine knisternde Spannung ... Dunkle Wolken nähern sich bedrohlich ... Die ersten Blitze zucken über den Himmel, gefolgt von gewaltigen Donnerschlägen ... Ein Sturm kommt auf, wirbelt Staub, Sand auf ... schüttelt Pflanzen ... Äste brechen ... Die Heftigkeit nimmt zu ... Bäume werden entwurzelt ... Windhosen fegen über das Land, decken Dächer ab ... werfen scheinbar mühelos Autos um ... alles wird zum Spielball dieser immensen Kraft ... Wieder wechselt der Schauplatz ... Du findest dich an einem wunderschönen Strand und beobachtest, wie die Möwen sich vom Wind tragen lassen und durch die Luft segeln ... Diese Szene wird abgelöst vom Bild einer Winterlandschaft, über die ein eiskalter Wind fegt, der alles Leben zum Erstarren zu bringen scheint.

Während dich diese Bilder sehr intensiv mit den Qualitäten des Elements Luft verbinden, erkennst du eine Resonanz zu diesem Element ... spürst ... welcher Aspekt dich am meisten berührt ... welche Reaktionen ausgelöst ... welche körperlichen und/oder emotionalen Signale hervorgerufen werden.

Wo fühlst du dich am meisten hingezogen und warum?

Wo fühlst du Geborgenheit?

Was ruft Ablehnung hervor?

Welche Botschaft verbirgt sich hinter den einzelnen Aspekten?

Welche sind dir mehr, welche weniger vertraut?

Ist es die spielerische Leichtigkeit ... die innere Freiheit ... die Möglichkeit, die Dinge aus einer anderen Perspektive zu betrachten ... die Fähigkeit zur Neustrukturierung, zur Klärung und Änderung von Gedankenmustern ... das geistige Prinzip ... der weite, unendliche Raum ... das Prinzip der Bewegung, der Fähigkeit, in andere Bewusstseinszustände zu wechseln?

Fällt es dir manchmal schwer, wirklich hier zu sein?

Ist dir das Gefühl, abzudriften, dich in andere Sphären zu verlieren, nicht im Jetzt verankert zu sein, bekannt?

Empfindest du das Leben auf der Erde teilweise als schwer und mühsam?

Würdest du manchmal lieber davonfliegen, weil alles sinnlos erscheint?

Fühlst du dich zeitweise von der Vielzahl neuer Ideen und Hinweise fast erschöpft, verwirrt, weil du gar nicht weißt, wie du sie konkret umsetzen sollst?

Oder sind sie so nebulös, dass sie kaum noch zu greifen sind?

Erlebst du dich selbst manchmal wie einen Orkan, der zunächst alles vernichtet, um Neues zu ermöglichen?

Hält dich die teilweise zerstörerische Gedankenflut in einer inneren Unruhe gefangen?

Kennst du die Tendenz, nicht flexibel genug zu reagieren und dann überrollt zu werden?

Sei bereit, allen Aspekten dieses Elements zu

begegnen ... Nimm ohne Urteil, ohne Wertung wahr, was du fühlst. Erkenne, dass all diese Aspekte Ausdruck des einen großen Seins sind ... In jeder dieser Energien begegnest du einem Ausdruck der Schöpferkraft, einem der Gesichter Gottes ... Jede Energie ist absolut gleichwertig ... keine ist besser oder schlechter ... Nur der Verstand ordnet in Kategorien von Zustimmung oder Ablehnung ... richtig oder falsch ein und erklärt diese Zuweisung mit entsprechenden Geschichten, die entweder Schmerz oder Freude auslösen ... Diese emotionale Einbindung fasziniert und fesselt dich gleichermaßen, lässt in dir eine Ahnung der Zusammenhänge auftauchen ... Und dann lösen sich die Bilder nacheinander wieder auf bis auf eines ... das die Energie darstellt, die es zu transformieren gilt, um deinem Lebensprozess widerstandslos folgen zu können ... Es gehört Vertrauen und Mut dazu, dich jetzt darauf einzulassen ... wirklich zuzulassen, dir und deinem damit eventuell verbundenen Schmerz zu begegnen, um die Hintergründe zu verstehen ... Sei nun bereit, genau diesem Anteil von dir wertungsfrei gegenüberzustehen, ihn ohne die Geschichte, die du mit ihm verbindest, zu betrachten ... Was kann er dich lehren ... wie weist er dich auf blinde Flecken hin, die deine Sichtweise verdecken, um deine Ganzwerdung ... deine Heilung zu unterstützen? ... Heilung als Heiligung im wahrsten Sinne des Wortes ist das Geschenk ... Und vielleicht wird dir zum ersten Mal in deinem Leben bewusst, dass du eine ganz bestimmte Strategie entwickelt hast, um diesem Aspekt nicht begegnen zu müssen, um auf diese Art Schmerz oder Trauer zu verhindern ... Oder aber du hattest vielleicht Angst vor deinen Aggressionen wie Wut, Groll oder dergleichen, weil du Liebesentzug fürchtetest.

Was auch immer der Hintergrund sein mag, halte dem Aspekt stand ... Es geht nicht darum, alle schmerzhaften Situationen erneut zu durchleben ... Das würde den Schmerz nur wieder auf den vergangenen Ebenen manifestieren und die Gefangenschaft in der Verwicklung alter Muster zur Folge haben ... Verstehe, dass zur Heilung genau dieser Aspekt beiträgt und darauf wartet, dass du entdeckst, welch ungeheures Potenzial in ihm schlummert und wie du dies für dein Leben einsetzen kannst ... Erkenne, dass er als das erkannt werden will, was er ohne deine Geschichte ist, in die du ihn einbindest, einfach eine Energie.

Und hierzu nimmst du nun wahr, wie das Element Luft zum besseren Verständnis für dich Form annimmt: ... Du stehst dem Hüter deines inneren Luftelements gegenüber. Ganz gleich, wie auch immer es sich darstellt ... als Farbe ... Gefühl ... oder Gestalt ... es wird sich in der Form zeigen ... wie es für dein Verständnis am besten ist. Du kannst nun fragen, wo das Element in dir im Ungleichgewicht ist, und was du tun kannst, um wieder in Harmonie zu kommen ...

Wo lebst du Luft auf zerstörerische Weise?

Wo hast du den Zugang zum Luftelement verloren?

Welche Anteile hast du eventuell schon vor langer Zeit aufgegeben, weil es zu schmerzhaft gewesen wäre, sie zu leben, dein Überleben nur so gesichert schien?

Und nun versetzt der Hüter des Elements Luft dich in die Lage, die wahre Kraft und Macht der Luft zu fühlen ...

Lass dich ganz intensiv darauf ein, zu spüren, wie diese Energie optimal in dir zum Ausdruck kommen möchte und welche Wandlung das für dich bedeutet ... Spüre die Luft ... gib dich ihr hin ... sei die Luft! ... Die befreiende Energie füllt dich vollkommen aus und berührt dich zutiefst ... Du bist nun in der Lage, den bisher abgelehnten, verdrängten, verurteilten, oder im Übermaß gelebten Aspekt des Elements mit anderen Augen zu sehen ... Du verstehst, wie er dir in bestimmten Situationen gedient hat, ohne dass du dies bewusst wahrgenommen hast, weil du in die Illusion der Begrenztheit eingebunden warst ... Endlich kannst du dich mit ihm und damit auch mit dir selbst aussöhnen. Endlich gibt es kein Gefühl des Täter- oder Opferseins mehr! ... Die Bedeutung von Lebensmustern wird sichtbar, und es entsteht die Klarheit in dir, dass Wachstum Ent-wicklung, ... Lösung der Verstrickungen vieler Lebensperioden bedeutet ... Wenn du nun in entsprechenden Situationen gegenwärtig genug bist, die Thematik zu erkennen, wirst du ganz von allein die erlöste Form des Luftelements leben ... ohne Druck ... ohne Anstrengung ... Nicht, weil es wieder etwas zu erreichen gibt, sondern einfach … weil du deine Sichtweise ändern konntest … Es gibt nichts zu erreichen, weil du bereits alles bist! … Der Hüter des Elements Luft übergibt dir dazu ein Geschenk, das dich symbolisch an die dir innewohnende Kraft erinnern soll … daran, wie du sie am besten zum Ausdruck bringen kannst, um dich in Einheit mit deinem Sein handeln zu lassen … Nimm es wahr … und wenn dir etwas unverständlich ist, frage nach … Du hast jetzt alle Zeit, die du brauchst … Bedanke dich nun liebevoll bei diesem Aspekt deines Seins … und erlebe noch einmal sehr intensiv die Energie des Luftelements, wie sie sich jetzt darstellt.

Plötzlich nimmt ganz von selbst eine weitere Energieform Gestalt an, und du stehst der Hüterin deines dich unterstützenden Erdelements gegenüber …

Sie lässt dich erkennen, welche Qualität der Erde deinen Prozess der Heilung begleiten kann … Schau dir an, was sich dir zeigt.

Ist es der Aspekt des Nährens in dem Sinne, Berührung zulassen … sich selbst annehmen … Nähe erfahren zu können?

Oder ist es der Aspekt der Verwurzelung im Hier und Jetzt … des wirklichen Hier-Seins … des Ja-Sagens zur Erde, zum Leben?

Oder ist es der Aspekt des Hervorbringens, des Gebärens, der Aspekt der festen Struktur und Unterstützung?

Zeigt sich dir vielleicht eine Höhle … ein großer Vulkankrater?

Oder erlebst du Berge ... Felsen ... Sand ... eine Wüste?

Stehst du vielleicht einem großen Baum gegenüber ... oder erlebst dich auf einer üppig blühenden Wiese?

Die Hüterin der Erde beantwortet jetzt deine Fragen ... verbindet dich mit der Energieform, die dich auf heilsame Weise unterstützt ... Und dann überreicht auch sie dir ein Geschenk, ein Symbol, das dich an deine Unterstützungsenergie auf dem Weg zur Ganzheit erinnern soll ... Wieder betrachtest du es und hinterfragst, wenn etwas unverständlich zu sein scheint ... Und dann bedankst du dich auch bei der Hüterin der Erde sehr liebevoll.

Lass dich nun noch einmal von beiden Energien durchströmen, ehe du dich auf deine Weise von deinen inneren Hütern der Luft und der Erde verabschiedest, im Bewusstsein, dass dein unendliches Sein dich auf diese Weise mit deinen inneren Aspekten in Kontakt gebracht hat ... die ebenfalls nur Ausdrucksformen des einen Seins sind ... Ganz langsam verblassen jetzt die Energieformen und lösen sich im unendlichen Raum auf ... Du beginnst nun, ganz in deiner Zeit ... deine Atmung wieder bewusst wahrzunehmen ... deinen Körper ... die Unterlage, auf der er liegt ... beginnst, dich zu räkeln und zu strecken ... zu gähnen ... öffnest die Augen ... und bist wieder im Hier und Jetzt verankert.

INNERE REISE ZUM ELEMENT ERDE

Mache es dir ganz bequem ... Gib dir die Erlaubnis ... einfach sein zu dürfen, ohne etwas tun zu müssen ... Zeit nur für dich zu haben.

Lass die Stunden des heutigen Tages noch einmal vorbeiziehen ... und dann lass sie gehen ... unwichtig werden ... Mache dir bewusst, dass deine Gedanken die Vergangenheit festhalten ... du aber im Jetzt bist ... hier ... in diesem Moment ... wo es nichts anderes gibt als diese Minute, in der du an diesem Platz liegst ... Gehe mit deiner Achtsamkeit nun ganz zu dir.

Das Außen wird zunehmend unwichtig ... Nimm dich wahr, spüre deinen Körper ... Wo fühlst du dich in ihm zu Hause, welche Gebiete sind dir eher fremd ... wo lehnst du dich eventuell gegen ihn auf? ... Es ist nur eine Feststellung ... ohne Wertung ... ohne Urteil ... Und nun lass auch diese Gedanken und Gefühle wieder los ... *sei* einfach nur ... Lass dich von deiner Atmung tragen ... Es gibt nichts zu tun ... Wie eine Welle im Meer, die an den Strand rollt ... sich danach wieder zurückzieht ... um erneut ... im ewigen Rhythmus ... den Strand zu benetzen, folgt die Atmung ihren eigenen Gesetzen ... Spüre, wie dein Körper mit jeder Ausatmung etwas weicher wird ... und nach und nach seine Anspannung verliert. Lass dich nun von deiner Atmung tiefer ... und tiefer ... in dein innerstes Zentrum tragen ... Mehr und mehr tauchst du ein ... in deinen inneren Raum ... wo Frieden und Stille ganz selbstverständlich ... und immer gegenwärtig sind.

Und ganz wie von selbst tauchen dort Klänge ... Farben ... Formen auf, die dich mit dem Element Erde verbinden ... Nach und nach siehst du dich nun mit den unterschiedlichen Qualitäten dieses Elements konfrontiert ... In steter Abfolge wechseln die Bilder, intensivieren deine Sinne ... Du kannst nicht nur die Vielfalt der Formen und Farben sehen ... du nimmst nun auch die unterschiedlichen Düfte wahr ... erinnerst dich an bestimmte Geschmacksnuancen und bist augenblicklich mit dem Aspekt verbunden, von dem der Körper genährt wird ... Vor deinem inneren Auge entwickelt sich das Bild einer Waldlichtung mit duftendem, sattgrünem Moos ... Begrenzt wird die Lichtung von majestätisch anmutenden Bäumen. Es ist, als neigten sie grüßend ihre Äste ... Das dichte Laub bildet schattenspendende Blattdächer ... In den Borken der aufrechten, mächtigen Stämme scheinen sich Geschichten zu verbergen ... Das Bild verblasst und du nimmst nun Hügel ... und am Horizont eine Bergkette wahr ... Dann wieder ändert sich dieses Bild, und du findest dich in einer Wüste wieder, die auf den ersten Blick lebensfeindlich zu sein scheint ... und doch bei genauem Hinschauen von Leben durchsetzt ist ... Nun taucht eine Karstlandschaft auf ... dann ein von Kahlschlag gezeichneter, gerodeter, ausgetrockneter Landstrich, in dem aller Lebensraum vernichtet scheint ... Das Bild wechselt erneut zu einer Landschaft am Meer. Du stehst an einer Steilküste ... In der Tiefe grüßt ein wundervoller Sandstrand, in der Sonne glitzernd ... wie von Tausenden von Kristallen durchsetzt ... Er ist in eine Bucht eingebettet ... von Felsen umrahmt, an denen sich die heranrollenden Wellen brechen ... Hinter dir breiten sich weite Felder mit goldgelbem Getreide aus ... Nun siehst du auf einmal eine Landschaft mit hohen Felsen und nimmst den Eingang zu einer Höhle wahr, die wohl tief ins Erdinnere führt ... Und stets erkennst du gleichzeitig mit den auftauchenden Bildern die einzelnen Aspekte, welche die Erde damit ausdrückt: ... die Struktur ... die Fülle ... die Energie des Getragenseins ... des Genährtseins ... der Geborgenheit ... das erschaffende, gebärende Prinzip ... die Ordnung und Rhythmen ... Und während dich diese Bilder sehr intensiv mit den unterschiedlichen Qualitäten des Elements Erde verbinden, erkennst du deine ureigenste Resonanz zu diesem Element, spürst, welcher Aspekt dich am meisten berührt ... welche Reaktionen ausgelöst, welche körperlichen und emotionalen Signale hervorgerufen werden.

Wo fühlst du dich am meisten hingezogen?

Wo spürst du tiefe Geborgenheit?

Und was stößt bei dir auf Abwehr?

Welche Aspekte sind dir vertraut – die nährende Mutter ... Ordnung und Struktur ... das erschaffende, gebärende Prinzip ... das Getragensein ... das Gesetz der Rhythmen?

Sei bereit, allen unterschiedlichen Aspekten dieses Elements zu begegnen ... Nimm ohne Wertung, ohne Urteil deine Gedanken, Emotionen, Gefühle wahr und erkenne, dass all diese Aspekte

Ausdruck des einen Seins sind ... In jeder dieser Energien begegnet dir die manifestierte Schöpferkraft, siehst du eines der vielen Gesichter Gottes. Auch wenn dein Verstand in Gut oder Schlecht aufteilt ... mit Zustimmung oder Ablehnung reagiert ... Euphorie oder schärfste Kritik signalisiert ... sind all diese Aspekte völlig gleichwertig ... Sei dir bewusst, dass nur das Ego den einzelnen Qualitäten Geschichten zuordnet, sie mit Erlebnissen aus der Vergangenheit verbindet und so Schmerz oder Freude hervorruft ... Und nun lösen sich die Bilder langsam auf, bis nur das eine, das dich mit einem Lebensthema verbindet, bleibt ... Diesem gilt es, deine Aufmerksamkeit zu schenken, um deinem inneren Prozess ohne Widerstand folgen zu können ... Hab den Mut, dir in diesem Aspekt zu begegnen ... Lass den eventuell damit verbundenen Schmerz, die dahinterliegende Angst zu, um die Hintergründe zu verstehen ... Begegne dem Aspekt nicht feindlich, sondern wertungsfrei ... ohne all die alten Geschichten, die du mit ihm verbindest, neu zu beleben ... Betrachte ihn mit Verständnis, ohne dich emotional zu verstricken. Identifiziere dich nicht mit dem Drama ... Sieh es als Lehrer für deine Reise und erkenne, dass es nur deine Geschichten sind, welche dich von deinem Ganzsein trennen ... Erkenne, dass es nichts zu erreichen gibt, dass alles schon perfekt ist, wenn du die Illusion der Geschichte erkennst.

Wie kann dieser Aspekt deine innere Heilung unterstützen?

Welche Strategie hast du dir zugelegt, um diesem scheinbar ungeliebten Aspekt auszuweichen, den Schmerz, die Angst, die Wut, die Trauer nicht fühlen zu müssen, mit denen du ihn verbindest?

Halte ihm jetzt stand, um zu erkennen, dass du frei sein kannst! ... Die Geschichten der Vergangenheit, die dein Verstand dir erzählt, hindern dich, dem Fluss des Lebens zu folgen ... Verstehe, dass nur der Augenblick zählt ... Nur im Jetzt, in der Annahme dessen, was in diesem Moment ist ... ohne Widerstand ... ohne Geschichte ... bist du frei, kommt dein Sein zum Ausdruck. Dann kannst du das ungeheure Potenzial dieses Aspektes für dich nutzen.

Wie um diesen Prozess zu unterstützen, zeigt sich dir nun das Element Erde auf seine, für dein Verständnis vollkommene Weise ... Du stehst der Hüterin der Erde gegenüber ... Nimm wahr, wie sie sich dir darstellt ... als deutliche Gestalt ... als Farbe ... Gefühl? ... Alles darf sein ... Vertraue ganz dem Prozess, der Ausdruck deines eigenen Seins ist ... In dir ist das Wissen, aus dir heraus geschehen Heilung und Lösung, wenn du dir deines göttlichen Aspektes bewusst bist. Du kannst nun fragen, wo das Element in dir im Ungleichgewicht ist und was du tun kannst, um wieder in Harmonie zu kommen.

Wo lebst du Aspekte der Erde auf zerstörerische Art?

Wo hast du den Zugang völlig verloren, dich abgetrennt von ihrer Qualität?

Welche Anteile hast du schon vor langer Zeit aufgegeben, vielleicht damals scheinbar, um dein Überleben zu sichern?

Wo nutzt du die Qualität des Elements eventuell für Manipulationen und Machtzwecke?

Und nun verbindet dich die Hüterin der Erde mit der wahren Kraft und Macht dieses Elements. Spüre ganz intensiv, wie es sich anfühlt, wenn die Energie bestmöglich in dir zum Ausdruck kommt und welche Veränderung es in deinem Leben bedeutet ... Gib dich dem Prozess voller Freude und ohne Wertung hin ... *Sei* die Erde selbst ... Struktur ... Rhythmus ... Stärke ... Fülle ... Die Energie füllt dich vollkommen aus, berührt dich zutiefst ... Und du kannst nun den bisher vielleicht abgelehnten, verdrängten, ungeliebten Aspekt mit anderen Augen sehen, ihn als zu dir gehörend erkennen und anerkennen ... Du verstehst, dass er dir, ohne dass es dir bewusst gewesen ist, immer gedient hat ... Endlich geschieht Versöhnung in dir ... mit dir ... endlich löst sich das Täter- Opfersyndrom auf, endlich geschieht Erkenntnis und Aufhebung der Täuschung auf tiefster Ebene ... Du verstehst die Bedeutungen verschiedener Lebensmuster, erkennst, dass Ent–wicklung bedeutet, deine dich beherrschenden Geschichten, die dir dein Ego erzählt, aufzulösen ... Mach dir in zukünftigen Situationen die Energie des Elements als Ausdruck des Göttlichen Einen bewusst und fokussiere dich ausschließlich darauf ... ohne Druck ... ohne etwas erreichen zu müssen ... Erkenne die Illusion, dass du von irgendetwas getrennt sein könntest, und spüre zutiefst die Einheit allen Seins ... Die Hüterin der Erde übergibt dir dazu ein Geschenk, welches dich als Symbol an die dir innewohnende Kraft erinnern soll, daran, wie du sie am besten zum Ausdruck bringen kannst, um dich in Einheit mit deinem Sein handeln zu lassen.

Lass es auf dich wirken, und wenn dir etwas unverständlich ist, frage nach ... Du hast alle Zeit ... Bedanke dich nun auf deine Weise liebevoll und nimm die erlöste Energie deines Erdelements noch einmal ganz intensiv wahr.

Und dann nimmt ganz von selbst eine weitere Energieform Gestalt an, und du stehst dem Hüter deines dich unterstützenden Luftelements gegenüber ... Er lässt dich erkennen, welche Qualität der Luft deinen Prozess der Heilung begleiten kann ... Schau dir an, was sich dir zeigt ... Ist es die spielerische Leichtigkeit ... die innere Freiheit ... die Möglichkeit, die Dinge aus einer anderen Perspektive zu betrachten ... die Fähigkeit zur Neustrukturierung ... zur Klärung und Änderung von Gedankenmustern ... das geistige Prinzip, der weite, unendliche Raum ... das Prinzip der Bewegung ... der Fähigkeit, in andere Bewusstseinszustände zu wechseln?

Der Hüter der Luft beantwortet jetzt deine Fragen, verbindet dich mit der Energieform, die dich auf heilsame Weise unterstützt ... Dann überreicht auch er dir ein Geschenk, ein Symbol, das dich an deine Unterstützungsenergie auf dem Weg zur

Ganzheit erinnern soll ... Wieder betrachtest du es und hinterfragst, wenn etwas unverständlich zu sein scheint ... Nun bedanke dich auch beim Hüter der Luft auf deine Weise sehr liebevoll ... Lass dich nun noch einmal von beiden Energien durchströmen, im Bewusstsein ... dass dein unendliches Sein dich auf diese Weise mit deinen inneren Aspekten in Kontakt gebracht hat, die ebenfalls nur Ausdrucksformen des einen Seins sind ... Ganz langsam verblassen die Energieformen jetzt und lösen sich im unendlichen Raum auf ... Du beginnst nun, ganz in deiner Zeit, deine Atmung wieder bewusst wahrzunehmen ... deinen Körper ... die Unterlage, auf der er liegt ... beginnst, dich zu räkeln und zu strecken ... zu gähnen ... öffnest die Augen und bist wieder im Hier und Jetzt verankert.

ELEMENT ÄTHER

Dein *Sein ist* – ***das bist Du*** –
jenseits deiner Geschichte von Freude und Leid,
von Ablehnung und Traurigkeit,
von Sehnsucht und Erwartung,
von Besitz und Identifikation -
nur *Sein* und *Frieden* und *Stille*

Das fünfte Element nimmt eine Sonderstellung ein, da wir es dem physischen Körper nicht auf gleiche Weise zuordnen können, wie die vier vorhergehenden.

Haben wir bei den Elementen Feuer, Wasser, Luft und Erde die Entsprechungen im körperlichen Bereich, so würde das Element Äther seine Entsprechung in unserer Seele, unserem eigentlichen Sein finden.

Die *zentrale Frage*, die, bewusst oder unbewusst, unser Leben bestimmt, lautet:
WER BIN ICH?

In den meisten Fällen schlüpfen wir von Kindheit an in bestimmte Rollen, legen uns Masken zu, die das, was sich dahinter wirklich verbirgt, verdecken sollen.

Mehr und mehr identifizieren wir uns mit der Verkleidung, vergessen unser wahres Potenzial.

Die Rolle, die wir spielen, verselbstständigt sich. Wir agieren und reagieren unter dem Einfluss alter, längst überholter Muster und Glaubenssätze aus der Erinnerung und den damit verbundenen Geschichten.

Wir *werden* so sehr zu dieser Rolle, die wir einmal begonnen haben zu spielen, dass wir nun allen Ernstes glauben, wir *seien* sie! Darin gefangen wie ein Insekt im Spinnennetz, scheint der Blick über den Netzrand hinaus einem Sturz ins Bodenlose gleichzukommen, das Verharren in der alten Situation aber alle Sicherheit zu versprechen. So verbleiben wir im Kostüm, in der ewig gleichen Rolle. Innere Rebellion projizieren wir wütend oder depressiv auf unsere Mitspieler, weben so unsere Geschichten zu einem festen Stoff, scheinbar unfähig, aus diesem Traum zu erwachen. Nur unbewusst flackert ab und zu eine Erinnerung auf, dass da doch etwas anderes war – Träume, wie im Nebel, nicht ganz greifbar und doch von tiefer Sehnsucht begleitet. In diesen Sekunden wissen wir, dass es Zeit ist, Zusammenhänge zu begreifen, wach zu werden und sich auf die Suche nach dem, was wir eigentlich sind, zu begeben. Es gleicht einem Abenteuer, der Spur zu folgen, die uns zu uns selbst führt.

Wenn wir uns dann jenseits unserer angenommenen Verkleidung begegnen, ist das zutiefst berührend, ein Gefühl, als ob wir nach langer Zeit endlich wieder nach Hause kommen würden. Die Bereitschaft, sich für die Zeit einer Meditationserfahrung tragen und den wertenden Verstand ruhen zu lassen, wirkt dabei stark unterstützend.

Dem eigenen Licht, der unvorstellbaren Größe des einen Seins zu begegnen, berührt tief im Herzen und führt bewusst, oder zunächst unbewusst, zu Veränderungen im Leben.

Bitte begegnen Sie sich selbst mit Achtung und einem aufrichtigen Ja, Ihr Herz berühren zu lassen, sich dem wahren Sein, das Sie sind, zu öffnen.

Bei dieser Reise nach innen geht es nicht mehr darum, einem Aspekt zu begegnen, der uns auf ein Ungleichgewicht im Körper, in unserem System aufmerksam macht und uns Wege aufzeigt, wie wir dieses ausgleichen können. Hier begegnen wir auf tiefster Ebene unserem wahren Wesen jenseits aller Erwartungen und Vorstellungen.

Innere Reise zum Element Äther

Lege dich ganz bequem hin, sodass dein Körper eine Position findet, in der er für einige Zeit gut ruhen kann ... Spüre die Unterlage, die dich trägt, und gib dir die Erlaubnis, dich innerlich fallen zu lassen ... Das Außen wird zunehmend unwichtiger ... Gedanken kommen und gehen ... und du kannst sie sein lassen, was sie sind ... einfach nur Gedanken ... Sei dir bewusst: Du bist nicht deine Gedanken!

Atme tief und ruhig ein ... und aus ... Atmung geschieht von allein. Dieser treue Freund begleitet dich von Beginn deines Lebens an, ohne dass du etwas dafür tun musst ... Spüre nun in deinen Körper hinein und nimm wahr, wie er sich anfühlt.

Wo spürst du den Kontakt zur Unterlage und wo eher nicht? ... Gibt es Stellen in deinem Körper, die sich weich und weit anfühlen ... und andere, wo du das Gefühl von Enge, Spannung oder Blockaden hast? ... Nimm dies einfach ohne Wertung wahr ... Werde dir deiner Atmung jetzt ganz bewusst und gib dich ihr hin ... Nichts wird forciert ... du vertraust dich ihrem eigenen Rhythmus an ... Spüre, wie dein Bauch sich hebt ... und senkt ... und wie du mit jedem weiteren Atemzug etwas tiefer auf die Unterlage zu sinken scheinst. Und bald kannst du nicht mehr genau unterscheiden, wo dein Körper aufhört und die Unterlage beginnt.

Wenn es nicht schon von allein geschehen ist, schließe jetzt deine Augen und übergib dich deiner Atmung ... Mit jedem weiteren Atemzug breitet sich mehr und mehr Entspannung in deinem Körper aus, durchflutet ihn bis in jede Zelle hinein. Du spürst, wie dein Körper zunehmend weicher wird ... und auch die Stellen, die du zu Beginn als blockiert und verspannt wahrgenommen hast, von der wohltuenden Entspannung immer mehr durchflutet werden ... Und so trägt dich deine Atmung tiefer ... und tiefer ... Jeder weitere Atemzug bedeutet, dass du ein bisschen mehr loslassen ... dich fallen lassen kannst ... Und je mehr du dich deiner Atmung anvertraust ... desto tiefer trägt sie dich zu dir, in deine eigene Mitte.

Es ist, als führe sie dich Stufe für Stufe eine Treppe hinab in deine inneren Räume ... an deinen innersten Ort, dorthin, wo du deinem wahren Sein begegnest ... wo du in dir zu Hause, in dir geborgen bist ... wo Frieden und Stille ganz selbstverständlich und immer sind ... Gib dich der Energie dieses Ortes tief in dir, dem, was du wirklich bist, jenseits von Zeit und Raum, ganz hin. Erkenne, dass dich diese Energie ausmacht, dass das einengende, spannungsreiche, Gestalt gewordene Bild, das du von dir glaubst zu sein, nur ein Konzept deines Gehirns ist ... Dein wahres Sein kennt keine Spannung, keinen inneren Krieg, keine Wertung ... dein wahres Sein *ist* einfach nur.

Welche Entspannung!

Einfach nur sein zu dürfen, was du sowieso schon immer gewesen bist ... Stille ... Frieden ... unendliches Sein! ... Kein Kampf mehr ... einfach nur sein dürfen ... tiefste Sehnsucht, tiefster Wunsch

... Im Sein den Sinn erkennen, die höchste Energie, die der Verstand nicht fassen kann, durch diesen Körper ausdrücken lassen ... Widerstand aufgeben dürfen ... nur noch *sein*! ... Loslassen ... erkennen ... dass der Frieden ... die Stille, die du suchst ... immerwährend in dir sind ... Das, was du suchst ... *bist* du bereits ... Stille, Frieden, immerwährendes göttliches Sein ... jetzt, hier.

Bleib nun für einige Zeit in dieser Essenz geborgen ... Wenn Gedanken auftauchen ... lass sie vorüberziehen, wie Wolken am Himmel ... Das Ein und Aus deiner Atmung trägt dich ... Geborgenheit im Sein ... Lausche dem Gesang der Stille ... Tief in dir ertönt das Lied des Seins, dessen Klang jede Zelle deines Körpers zum Schwingen bringt

Bilder können auftauchen, Farben – vorübergehend formgewordene Leere – unwichtig, sie festhalten oder verstehen zu wollen ... Eins mit allem ... kein Unterschied zwischen Form und Leere ... Vibrierende Energie ... vorübergehend in Form manifestiert, sich wieder auflösend, erneut Form gebend ... Spiel der Wandlung ... Ausdruck des göttlichen Bewusstseins ... dein Sein.

Gib dir nun die Erlaubnis, das Wissen um dein Sein in jeder Zelle abrufbar zu verankern, und dann lass dich von deinem Atem in deinem Tempo langsam wieder zurücktragen ... Atme nun etwas tiefer ein und aus ... beginne, ganz bewusst, deinen Körper, die Unterlage, auf der du liegst, wieder zu spüren ... Beginne, dich etwas zu bewegen ... und zu räkeln und zu strecken ... gähne ... balle

deine Hände zu Fäusten ... öffne deine Augen ...
und sei wieder ganz in deinem Alltagsbewusstsein
verankert ... ganz im Hier und Jetzt.

Oder:
HINGABE AN DAS, WAS IST

Mache es dir ganz bequem ... Spüre, wie dein Körper auf der Unterlage aufliegt ... und wie er sich
mit deiner zunehmenden Bereitschaft, den Alltag
für eine Weile hinter dir zu lassen, entspannt und
tiefer sinkt ... Während du den Klängen lauschst ...
atmet ES deinen Körper auf eine sehr sanfte Weise
in einen zunehmend entspannten Zustand hinein.

Ohne dein Zutun geschieht Atmung ... Das Ein
... und Aus deines Atems trägt dich durch Zeit und
Raum ... Gedanken, die auftauchen ... werden immer unwichtiger ... Du beobachtest sie ... lässt sie
sein ... ohne Anhaftung, ohne ihnen Aufmerksamkeit und Energie zu schenken, ohne ihnen Widerstand entgegenzusetzen ... Wie Wolken am Himmel
ziehen sie vorbei ... ohne Spuren zu hinterlassen
... Das gleichmäßige ... und ruhige Ein ... und Aus
deines Atems zieht deine Aufmerksamkeit zunehmend nach innen ... Mit jedem weiteren Atemzug
lässt dein Körper etwas von seiner vielleicht noch
vorhandenen Anspannung los, wird er weicher und
weiter ... Es gibt nichts zu tun, nichts zu erreichen,
nichts zu kontrollieren – welche Entspannung!

Alles, was erreicht werden will, *ist* schon ...
Was getan werden soll, geschieht von allein.

Im Erkennen des bereits vollkommenen Seins liegt die Lösung ... Nur das Ein ... und Aus ... des Atems begleitet den Prozess unaufhörlich ... wie Wellen am Meer ... die, aus der Unendlichkeit geboren, an den Strand rollen ... um wieder in die Unendlichkeit zurückzukehren ... Gib dich dem Fluss deiner Atmung ganz hin.

Ein Ja zum Geschehenlassen ... Hingabe an das, was geschehen will ... Geborgenheit in der Hingabe ... Im Loslassen aller Identifikationen, allen Sollens, Wollens und Müssens liegt der Schlüssel zur Freiheit im Sein ... Atmung kommt und geht ... durchströmt dich ... Und ganz wie von selbst wirst du tiefer in deine inneren Räume getragen, an deinen heiligsten Ort, wo Frieden und Stille ganz selbstverständlich sind ... Es geschieht ganz auf deine Weise ... einzigartig ... Vielleicht eröffnet sich dir ein ganz konkretes Bild ... eine Form ... eine Farbe

Vielleicht erlebst du auch eine Leere ... ohne Raum ... ohne Begrenzung ... fühlst dich im Nichts ... und doch unendlich geborgen ... und auch das ist so, wie es ist, perfekt ... Nichts ist besser oder schlechter. Deine innere Weisheit kennt den besten Weg, dich an dein Sein anzuschließen ... Du bist geborgen in dir ... endlich angekommen ... jenseits aller Illusion, jenseits aller Identifikationen ... jenseits des Schmerzes ... der Trennung ... kein Innen ... kein Außen ... ohne Wertung ... ohne Urteil ... Stille ... Frieden ... göttliches Bewusstsein ... alles durchdringend, formgebend, und diese wieder auflösend ... alles und nichts ... unaussprechlich ... Freiheit im Sein ... Auflösung aller Vorstellungen ... Auflösung jeglicher Form ... Und obwohl da nichts ist, beinhaltet diese Leere doch alles, was ist ... Du spürst das Zugegensein der Existenz ...

Das ... bist ... *du* ... Stille ... unendliches Sein, immerwährender Frieden ... göttliches Sein in jeder deiner Zellen ... unendliche Freude über dieses Bewusstsein, dass du bist, was du suchst ... Nie warst du davon getrennt ... nur ein Gedanke, der Trennung glauben macht ... nur ein Traum ... Dein Sein *ist* ... *das bist du* ... jenseits deiner Geschichte von Freude und Leid ... von Ablehnung und Traurigkeit ... von Sehnsucht und Erwartung ... von Besitz und Identifikation ... nur Sein und Stille und Frieden ... Sein durchströmt den Körper ... durchflutet die Gedanken gewordene Form.

Du hast nun alle Zeit, um in dieser Energie zu verweilen.

Die Erinnerung an das, was du wirklich bist, an die Energie deiner Essenz, bleibt abrufbar, wenn du nun gleich ... ganz in deinem Tempo ... beginnst, etwas tiefer ein- ... und auszuatmen ... dich wieder in deinem Körper wahrzunehmen ... im vollen Bewusstsein, dass du nicht von deinem Sein getrennt existierst ... Und dann komme wieder ganz bei dir an, im Hier und Jetzt ... beginne, dich zu räkeln ... und zu strecken ... balle deine Hände zu Fäusten ... öffne deine Augen ... und dann *sei*, was du bist!

Weitere Ent-deckungs-möglichkeiten auf dem Weg nach Hause

Wenn Sie sich in einer bestimmten Situation befinden, in der Sie sich mehr Klarheit und Verstehen Ihrer selbst wünschen, haben Sie neben der numerologischen Erklärung oder den inneren Reisen zu den Elementen natürlich noch andere Ent-deckungsmöglichkeiten.

DIE NATUR ALS
LEHRMEISTER

Die effektivste Art, mit der Essenz eines Elements Kontakt aufzunehmen, ist der Gang durch die Natur. Zunächst wird dort unser vitales Bedürfnis nach Sauerstoff durch vertiefte Atmung, die der Zellversorgung, -entgiftung und -regeneration dient, bestmöglich abgedeckt. Atmung bedeutet Leben – dabei unterstützt uns die Natur, deren eigenen Atem wir, wenn wir uns dafür öffnen, spüren können. Dieser Gang in die Natur sollte natürlich nicht mit sportlichen Aktivitäten wie Joggen oder Walken verbunden werden, sondern ein ganz bewusstes Alleinsein, sich Einlassen auf die besonderen Kräfte sein, in denen sich das Eine z. B. in Form eines Elements ausdrückt. Wichtig ist die innere Haltung, mit der wir dem Einen, das sich in der Vielfalt ausdrückt, begegnen. Wenn mir wirklich bewusst ist, dass alles, aber auch wirklich alles das Eine spiegelt, werde ich viel achtsamer durch meinen Garten, über eine Wiese, durch den Wald oder an einem Gewässer gehen. Und Achtsamkeit ist unentbehrlich , wenn ich der Essenz der Elemente wirklich begegnen möchte – Achtsamkeit und die Loslösung von Vorstellungen und Erwartungen, was da auf mich zukommen könnte oder sollte.

Wenn Sie zum Beispiel zunächst einmal nur darauf achten, wie und ob Sie den Boden unter Ihren Füßen wahrnehmen, ist das ein erster Schritt, in Kontakt mit dem Element Erde zu kommen. Versuchen Sie also, nicht einfach unbewusst zu laufen und gleichzeitig im Kopf mit der Gedankenflut beschäftigt zu bleiben, sondern verlagern Sie die ganze Aufmerksamkeit in die Fußsohlen. Wenn Sie dort mit Ihrer ganzen Achtsamkeit sind, werden Sie den feinen Energiestrom, Ihre eigene Lebensenergie spüren. Um den Boden unter Ihren Füßen zu erfühlen, ziehen Sie Schuhe und Strümpfe aus. Zu Beginn ist es vielleicht gar nicht so einfach, jeden Schritt ganz langsam, konzentriert und bewusst auszuführen. Bitte achten Sie darauf, dass Sie dabei nicht den Atem anhalten. Wenn Sie eine Weile Ihre ganze Aufmerksamkeit auf diese Weise in die Füße gelenkt haben, dehnen Sie diese nun auf die Umgebung aus – auf die Blumen, Sträucher, Bäume, Insekten und andere Tiere, auf Geräusche, Luftbewegung, die Intensität der Sonne, die Bewegung der Wolken – einfach alles, was rund um Sie herum passiert. Gerade zu Beginn ist es von Vorteil, einen ruhigen Platz in der Natur zu bevorzugen, an dem Sie möglichst allein und unbehelligt von störenden Alltagseinflüssen sind (Auto- oder Fluglärm, viele Menschen, etc.). Später, wenn Sie mit den Aspekten der Elemente vertrauter sind, wirken sich störende Geräusche nicht mehr so negativ aus. Seien Sie sich nun, wenn Sie in die Betrachtung Ihrer Umgebung vertieft sind, immer bewusst: In diesem Baum, dieser Blüte, diesem Tier, jenem Flüsschen etc. offenbart sich ein Aspekt des großen *einen* Seins, und begegne ich, da ich selbst Teil dessen bin, mir selbst auf eine einzigartige Weise. Das erzeugt eine große, liebevolle Offenheit der gesamten Schöpfung gegenüber. Wenn wir unsere Aufmerksamkeit von unserem ständigen Gedankenstrom weg auf die Natur lenken, erleben wir, dass diese uns immer Hilfe und Unterstützung bietet. Und dann auf einmal finden wir uns in einem Gedankenaustausch ganz anderer Art wieder – wir fühlen, was ein bestimmter Baum in unserer Nähe fühlt. Wir vernehmen oft sehr detaillierte Ausführungen zu einem uns gerade bewegenden Thema, ohne dass wir bewusst daran gedacht hätten. Das Loslassen jeglicher Erwartungshaltung und Fixierung, im Augenblick einfach nur in Achtsamkeit *zu sein*, führt zu einem oft sehr erstaunlichen Erlebnis von Nähe und Einheit. Wenn man mit einem Baum Kontakt aufnehmen möchte und dabei denkt oder erwartet, nun müsse doch etwas geschehen und wahrnehmbar werden, führt dies sicher dazu, im Verstand gefangen zu bleiben. Sich dagegen bewusst dem göttlichen Aspekt, den dieser Baum verkörpert, zu öffnen, ohne Fixierung auf ein Thema, lässt alles zu.

Wenn die Gedankenflut nur schwer zu stoppen ist, hilft es, sich auf die Atmung zu konzentrieren oder den Fokus auf etwas in der Umgebung zu lenken.

Sehr hilfreich kann auch Folgendes sein: Stellen Sie Ihre Augen nicht bewusst scharf, sondern lassen Sie den Blick ganz entspannt werden und ihn dann in Ihrer Umgebung umherschweifen. So nehmen Sie mehr und mehr Dinge wahr, die Ihnen bisher verborgen blieben.

Wenn Sie nun also mit dem Element Erde Kontakt aufnehmen möchten, spüren Sie zunächst in sich hinein, welcher Ort den Qualitäten, die Sie damit verbinden, am ehesten entspricht. Ist es eine Waldlichtung, ein bestimmter Berg oder Felsen, eine Höhle, eine Blumenwiese, ein Park, vielleicht Ihr eigener Garten, eine Moorlandschaft, eine Wüste? All diese verschiedenen Landschaften haben ganz unterschiedliche Energien. Wenn Sie den Platz gefunden haben, der Sie am besten mit jenem Aspekt des Elements Erde in Berührung bringt, der für Sie zurzeit wichtig ist, dann setzen oder legen Sie sich dort bequem hin und lassen Sie die Schönheit ringsherum auf sich wirken. Nehmen Sie in Gedanken Kontakt auf, indem Sie diesem Ort Ihre Achtung ausdrücken und um Unterstützung bitten. Und spüren Sie dann nur noch den Boden unter Ihnen, der Sie trägt, atmen Sie ganz ruhig und seien Sie achtsam gegenüber allem, was rund um Sie herum geschieht.

Wenn Sie mit dem Element Wasser Kontakt aufnehmen möchten, schauen Sie, welche Qualität des Wassers für Sie derzeit von besonderer Bedeutung ist. Und dann begeben Sie sich an einen dementsprechenden Ort – an ein Bächlein, einen Fluss, einen kleinen oder großen See, ans Meer. Gehen Sie bei Regen spazieren oder was gerade für Sie in der jeweiligen Situation angesagt ist, und verfahren Sie wie oben beschrieben.

Wenn dem Element Luft Ihre Aufmerksamkeit gilt, spüren Sie wieder in sich hinein, welcher Aspekt

Sie besonders anspricht und achten Sie dann darauf, wie das Element am besten fühlbar ist. Richten Sie Ihre Aufmerksamkeit auf die Bewegungen der Blätter, auf den leichten Windhauch in Ihrem Haar oder auf der Haut, lauschen Sie dem Lied des kräftigen Windes, schauen Sie den Wolkengebilden am Himmel zu, erleben Sie bewusst einen Sturm, der sich vielleicht gerade zusammenbraut, und lernen Sie diese Qualität ganz neu kennen.

Wenn Sie sich mit dem Element Feuer vertraut machen wollen, erspüren Sie wieder zunächst, auf welche Qualität es in diesem Moment ankommt – Sonne, Lagerfeuer, eine Kerze, glühende Lava – und wählen Sie danach dann den entsprechenden Ort aus, der sich in Ihrer Nähe anbietet. Verfahren Sie dann wieder wie beschrieben.

Danken Sie abschließend immer dem Aspekt, der sich auf diese wunderbare Weise offenbart hat und machen Sie sich danach Notizen über das Erlebte, malen Sie ein Bild, finden Sie ein Symbol. Da die Erinnerung sehr schnell verblasst, ist es ratsam, die Essenz sofort im Anschluss und nicht erst Stunden später niederzuschreiben.

Eines Tages, als ich absichtslos in der Natur unterwegs war und mitten im Frühsommer einem zu Boden gleitenden Blatt begegnete, fand ich mich in folgendem Dialog wieder:

Lektion eines Blattes – über das Erkennen von Zusammenhängen

Der taumelnde Tanz eines zu Boden gleitenden Blattes nimmt mich gefangen, berührt mich zutiefst, lässt in mir Gedanken des Werdens und Vergehens, des Abschieds aufkeimen, das eigene Festhalten und mein Verhältnis zur Hingabe hinterfragen.

„Hallo, liebes Blatt", beginne ich unsere telepatische Unterhaltung, „es ist Sommer, Fülle und dein tiefes Grün lässt das herbstliche Loslassen noch nicht ahnen. Warum also, warum jetzt schon musst du dich von deinen Geschwistern und vom starken Halt deiner Mutter lösen?"

„Warum nicht jetzt?"- tönt es in meinem Kopf -„sich zu lösen scheint für die Menschen ein Urproblem zu sein – dabei ist das Loslassen ganz einfach, wenn du immer im Jetzt bist. Zu jedem Zeitpunkt *sein*, ein Ja finden, den Tanz zum Boden im Jetzt genießen, einverstanden sein, von Beginn an, mit allem, was ist."

Mein Blick folgt dem Blatt. Es scheint von einem Sonnenstrahl getragen zu sein, bis es sanft auf dem Boden landet. Neugierig wird es von einer Ameise beäugt, deren geschäftiges Tagewerk durch die Landung unterbrochen wurde. Erst jetzt bemerke ich, dass dem Blatt die Spitze fehlt, es ist seiner vollkommenen Form beraubt.

Noch während dieser Feststellung äußert sich das Blatt erneut: „Deiner Denkweise zufolge bin ich nicht mehr vollständig, weil meine Spitze fehlt – abgenagt von einer hungrigen Raupe. Dein Groll auf die, die mich als Nahrungsquelle angezapft hat, ist nicht mein Groll. Ich war einverstanden damit – vollkommen einverstanden. Es gehörte zu meinem Plan, auf diese Weise nützlich zu sein – das bedeutet, zu dienen und eins mit dem großen Kreislauf zu sein.

Von der ersten Minute des Werdens an Hingabe an den größeren Plan, mit Freude dienen.

Wie oft schimpft ihr über den Befall durch Ungeziefer, wie ihr es nennt. Ihr bedauert Blumen, Wälder, Obst und Gemüse, eure Zier- und Nutzgärten. Euer Mitgefühl ehrt euch. Oft wird eure Sorge erst dann wachgerufen, wenn die Wälder durch Schädlinge so befallen sind, dass ihr Bestand bedroht ist. Einigen von euch wird das Ungleichgewicht bewusst, das dazu geführt hat. Doch meist fühlt ihr euch beinahe persönlich angegriffen und sagt dem „Ungeziefer" mit chemischen Mitteln den Kampf an. Besser wäre es allerdings, ihr würdet die Botschaft verstehen, die wir euch mit unserem Einverstandensein zum Sterben übermitteln wollen.

Wir geben uns mit Freude hin, damit ihr wach werdet, umdenken könnt. Du fragst auch, was meine Blattschwestern und -brüder empfinden, wenn ich jetzt schon gehe. Ihr Menschen habt das Leben und Sterben noch nicht begriffen. Ihr macht euch abhängig voneinander, ihr meint, ohne den anderen nicht leben zu können, seht in ihm die euch ergänzende Hälfte, ohne die ihr nicht vollständig seid. Ein Leben lang beherrscht euch die Angst, dass dieser andere, der euch scheinbar ergänzt, euch verlässt, als unvollkommene Hälfte zurücklässt, oder ihr ihn, wenn der Tod ruft, der doch auch eine Wirklichkeit, nur auf der anderen Seite, ist.

Auch in dieser Situation, die eine Transformation gigantischen Ausmaßes darstellt, gebt ihr euch nicht dem Plan hin, weil ihr festhalten wollt, euch das Vertrauen fehlt.

Doch Los-lassen muss jeder allein – zu dem ihm bestimmten Zeitpunkt – Widerstand erschwert nur den Prozess. Im Loslassen einverstanden zu sein, den letzten Tanz zu genießen, auch dabei noch zu dienen, (hat mein Tanz dich nicht erfreut und zum Nachdenken angeregt?) und nun, anschließend, der Erneuerung durch Umwandlung zu nützen, bedeutet Hingabe.

Warum glaubst du, an meiner Stelle die Raupe verurteilen zu müssen, in mir ein Leiden erkennen zu wollen, das nie da war?

Sieh mich und die Raupe als Spiegel für dich:

Wo lässt du, weil du einverstanden bist, geschehen, bietest das, was du geben kannst, der Erfüllung des großen Plans, und wo lässt du dich nähren im Einverständnis des anderen und doch scheinbar auf seine Kosten, um weiter zu wachsen, der Transformation entgegen, wie es meine Raupe tat?"

Das Rad der Elemente

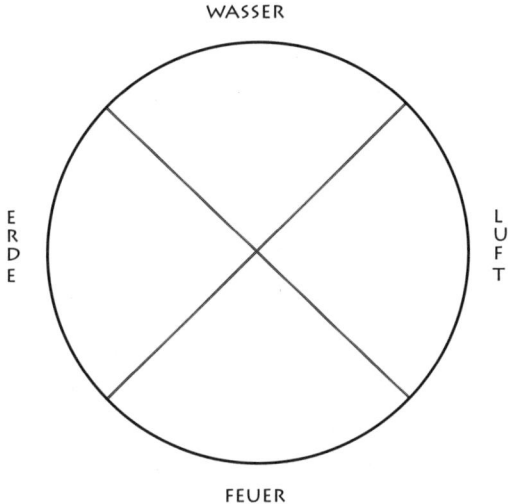

WASSER

ERDE

LUFT

FEUER

Eine weitere Möglichkeit, in die Energie der Elemente einzutauchen, bietet die Arbeit mit dem Rad der Elemente.

Bei dieser Arbeit, wie auch bei den Elementmeditationen, kommt dem *Fühlen* der sich vermittelnden Qualitäten größte Bedeutung zu und nicht den Gedanken, die sich normalerweise sofort einschalten, um die Situation zu vergleichen, zu bewerten und einordnen zu können. Es nützt nichts, wenn Sie nach der entsprechenden Erfahrung alles differenziert beschreiben können, das Gefühl dabei aber nicht tief und intensiv gespürt und gespeichert, ja, in allen Zellen verankert haben. Dieses Fühlen, das Sie in der entsprechenden Situation erlebt haben, kommt aus der Tiefe Ihres Seins. Und dieses Gefühl ist der Motor für Veränderung, für innere Heilung.

Nehmen Sie sich wieder ausreichend Zeit, und treffen Sie alle nötigen Vorkehrungen, um für einen bestimmten Zeitraum nicht gestört zu werden.

Machen Sie es sich bequem, schließen Sie die Augen und lenken Ihre Achtsamkeit auf Ihren Atem, der Sie langsam tiefer und tiefer in Ihren inneren Raum trägt. Der Atem lässt die Verbindung zum göttlichen Einen bewusst werden. Die Gedanken dürfen zurücktreten, Ruhe stellt sich ein. Stellen Sie sich nun vor, dass Sie in der Mitte Ihres Elemente-Rades sitzen und sich ganz den Energien der Elemente überlassen. Fühlen Sie sich vielleicht sanft in eine Richtung gezogen? Können Sie spüren, dass da eine Energie besonders stark ist, Sie förmlich anzieht? Um welches Element handelt es sich? Wie fühlen Sie sich dort, wenn Sie sich nun diesem leichten Zug in eine bestimmte Richtung ohne Widerstand überlassen,? Wichtig ist, dass Sie nicht Ihren Gedanken folgen, sondern in erster Linie darauf achten, was Sie in der entsprechenden Situation fühlen. Womit verbinden Sie dieses Gefühl? Kennen Sie es aus anderen Situationen oder ist es ein völlig neues Empfinden? Was bedeutet es in diesem Moment für Sie? Bewerten Sie nichts – beobachten Sie einfach nur mit Achtsamkeit. Gibt es etwas, wonach Sie sich vielleicht schon immer gesehnt haben, was genau dieser Wahrnehmung entspricht?

Womit verbinden Sie dieses Gefühl:

* Sicherheit
* Geborgenheit
* Tatkraft/ Energie
* Vertrauen
* Frieden
* Spontaneität
* Ruhe
* Lebensfreude
* Flexibilität
* Freude
* Lebenskraft pur
* etc.

Gibt es eine Situation in Ihrem Leben, an die Sie sich erinnern, in der Ihnen diese besondere Qualität zur Verfügung stand?

Wenn ja: Wie haben Sie diese zu dem entsprechenden Zeitpunkt gelebt?

Und nun spüren Sie in die derzeitige Situation hinein und fühlen Sie, was diese Essenz bedeutet! Was will Ihre innere Weisheit Ihnen mitteilen, dass sie Sie mit dieser Energie in Berührung bringt?

Und während Sie sicher an Ihrem Ort verbleiben, richten Sie Ihre Aufmerksamkeit auf das Ihnen direkt gegenüberliegende Element. Wie nehmen

Sie es aus Ihrer Position heraus wahr? Welche Botschaft hält es für Sie bereit? Können Sie bestimmte Qualitäten spüren? Wenn Sie sich nun tiefer auf seine Essenz einlassen, welcher Aspekt ist es im Besonderen, der Sie fesselt und welche Bedeutung hat er für Sie? In welcher Beziehung steht er zu der Qualität des Elements, das Sie förmlich zu sich hingezogen hat? Können Sie darin eine Ergänzung, eine Unterstützung oder Erweiterung erkennen?

Dem besseren Verständnis soll ein Beispiel dienen:

Angenommen, das Element Erde übte Sogwirkung auf Sie aus und vermittelte Ihnen, nachdem Sie dieser Anziehung nachgegeben haben, das Gefühl einer tiefen Geborgenheit, die Sie mit allen Sinnen wahrnehmen können. Wenn Sie nun Ihre Achtsamkeit auf das Ihnen gegenüberliegende Element, in diesem Falle Luft, gerichtet haben und dort der Qualität des Aspektes Freiheit begegnet sind – was würde dies in Ihnen auslösen? In welchem Bezug stehen die beiden Energien zueinander?

Könnte es sein, dass Sie in dieser Essenz endlich die Geborgenheit finden, nach der Sie sich ewig gesehnt haben und die Sie unbedingt benötigen, um die gegenwärtige Lebenssituation überschauen und verändern zu können? Die im gegenüberliegenden Element Luft liegende Unterstützung zeigt sich im Aspekt der Freiheit, der diesem Element zutiefst verbunden ist.

Nun könnte es sein, dass in Ihnen bereits unbewusst seit längerer Zeit der Wunsch nach innerer/

äußerer Freiheit vorhanden war. Erst die Geborgenheit und die damit verbundene Sicherheit bietet die Voraussetzung, dass Sie diesen tiefliegenden Wunsch nach Freiheit nun überhaupt zulassen und erkennen können. Ohne die Geborgenheit macht die Vorstellung von Freiheit vielleicht sogar Angst. Doch aus dem sicheren Raum der Geborgenheit heraus entdecken Sie, wie wichtig der Aspekt Freiheit für Ihre Lebenssituation ist – die Freiheit, sich für seine Ideen, seine Gefühle zu entscheiden, die Dinge aus einer anderen Perspektive zu betrachten, eingefahrene, blockierende Gedankenmuster und nicht mehr stimmige Konzepte zu hinterfragen und zu verändern, die Freiheit, eine eigene Meinung zu vertreten, neue Wege zu gehen, die Freiheit, die sich aus der Loslösung allen Sollens, Wollens, Müssens ergibt. Ja, könnte es nicht sein, dass, wenn Sie erst einmal in der Lage sind, wirkliche Geborgenheit zu spüren, dies ein Ausdruck von Freiheit ist, Sie darin eine tiefe, so nie gekannte Freiheit erleben? In sich geborgen zu sein, dieses Gefühl, nicht im Außen suchen zu müssen, *ist* Freiheit.

Zwei-Wege-Technik

Eine weitere Möglichkeit möchte ich Ihnen noch vorstellen, die ich von einem hawaiianischen Schamanen vermittelt bekam – es ist die „Zwei-Wege-Technik".

Meist erkennen wir ganz intuitiv, welche Energie uns in der derzeitigen Situation am ehesten unterstützen kann. Untrüglich wissen wir, ob wir uns etwa besser am Meer oder in den Bergen erholen werden. Und doch gibt es Situationen, in denen es schwierig scheint, die richtige Entscheidung zu treffen, in denen wir zweifeln. Wenn widersprüchliche Gefühle da sind, wenn sich zum Beispiel Aspekte des Feuers mit denen des Wassers zu überlagern scheinen, könnte die Zwei-Wege-Technik hilfreich sein, um die richtige Lösung zu finden.

Zu Beginn –

1. Voraussetzung ist wieder einmal, nichts zu wollen, sondern offen zu sein für das, was Ihre innere Führung Ihnen offenbaren will.
2. Es kommt nicht darauf an, mit dem Verstand genau zu begreifen, was sich eröffnet, sondern die Energie zu *fühlen*. Bei welcher der sich zeigenden Qualitäten *fühlen* Sie sich am wohlsten, wo spüren Sie Ihre Resonanz?

Zunächst versuchen Sie, das Thema wirklich auf den Punkt zu bringen und erkennen ganz klar, welche Energien welcher Elemente für Sie von Relevanz sind.

Dann stellen Sie wieder sicher, dass Sie für eine Weile ungestört sind, und gehen dann auf Ihre Weise in die Stille. Also setzen oder legen Sie sich und gehen mit Ihrer Aufmerksamkeit zu Ihrer Atmung. Wenn Sie merken, dass Sie innerlich bereit und entspannt sind, lassen Sie vor Ihrem inneren Auge einen Weg entstehen, der sich an einer Kreuzung nach links und rechts verzweigt. Der rechte Weg steht für eine Elementenergie, der linke für die andere zur Diskussion stehende. Ganz bewusst gehen Sie nun auf diesen Kreuzungspunkt zu. Wenn Sie dort angelangt sind, spüren Sie genau hinein: Gibt es vielleicht bereits eindeutige Zeichen, die für eine der beiden Richtungen sprechen? Fühlen Sie sich magisch zu einer Seite hingezogen? Wenn dies nicht der Fall ist, entscheiden Sie sich zunächst spontan für einen der beiden Wege, und registrieren Sie genau, was Ihnen dort begegnet und wie Sie sich dabei fühlen. Achten Sie auf alle Einzelheiten wie Farben, Geräusche, Gerüche, Landschaften, Tiere, Menschen, etc. Treffen Sie auf Hindernisse, oder ist es ein sehr einfacher, gerader Weg? Müssen Sie sich mühsam den Weg bahnen, vielleicht durch Gestrüpp kriechen? Ist es dunkel oder hell? Werden sie begleitet und wenn ja, von wem? Ist es kalt oder warm, trocken oder feucht? Fühlen Sie sich voller Elan und wohl oder eher angespannt und ängstlich? Wohin führt dieser Weg und was erwartet Sie am Ziel? Alles auf diesem Weg ist wichtig.

Dann kehren Sie zur Weggabelung zurück und begeben sich nun auf die gleiche Weise in die andere Richtung.

Am Ende wird sich mit ziemlicher Sicherheit sehr deutlich die in diesem Moment erforderliche Elementenergie herauskristallisiert haben. Lassen Sie dem jeweiligen Zielpunkt besondere Aufmerksamkeit zukommen: Wie fühlen Sie sich dort?

Nicht immer ist der einfachere, gerade Weg der beste – oft sind es die zunächst schwieriger erscheinenden, die aber zu dem Ziel führen, das wir anstreben. Jedoch ist ein Weg, der uns durch undurchdringliches, dunkles Dickicht führt, häufig ein Irrweg, auf dem wir uns verlaufen.

Je weniger der Prozess von Ihrem Verstand beeinflusst wird, umso verblüffender kann sich die Lösung auftun. Es gibt auch Situationen, in denen beide Wege nicht stimmig zu sein scheinen und plötzlich ein dritter auftaucht. Lassen Sie sich davon nicht irritieren – das hat seinen Grund. Am Ende werden Sie sehen, wie genial Ihre innere Führung Sie geleitet hat!

Wenn Sie Ihren Weg herausgefunden haben, danken Sie auf Ihre Weise Ihrer inneren Führung und vertrauen darauf, dass Ihnen gezeigt wurde, was in diesem Moment die bestmögliche Lösung bereithält und Ihrem Potenzial am meisten entspricht.

Ein paar Worte zum Schluss

Nun, am Ende angekommen, ist es mir ein Bedürfnis, Sie noch einmal daran zu erinnern, dass alle Techniken nur Handwerkszeuge auf dem Weg nach Hause sind, nicht dazu geeignet, verbissen und mit Leistungszwang etwas erreichen zu wollen, was doch bereits, nur durch den Schleier des Vergessens verhüllt, da ist und immer da war. Jeder Weg, den Sie gegangen sind, entspricht einer Erfahrung, die das Göttliche, das Eine, Urquell allen Seins, der große Geist, das Licht, das Bewusstsein in Verkörperung gemacht hat. Nie gab es einen Irr- oder Umweg. Alles ist vollkommen, so wie es war und wie es gerade ist.

Im Moment geschieht eine große Veränderung.

Eine große Anzahl von Menschen beginnt derzeit, aus dem nicht bewussten Zustand, aus dem Traum aufzuwachen. Wir leben in dieser Zeit des Umbruchs, die sicher oft nicht leicht ist und doch das größte Potenzial bietet, uns endlich dessen bewusst zu werden, wer wir wirklich sind.

Ich wünsche Ihnen die nötige Leichtigkeit, eine gehörige Portion Humor, auch und vor allem über sich selbst lächeln zu können, und den inneren Frieden, diesen Prozess bewusst zu erleben.

DANK

Mein Dank gilt dem höchsten Bewusstsein, dem göttlichen Einen, dem Licht, das sich in allem, wirklich allem, was ich wahrnehme, spiegelt. Diese Quelle allen Seins hat Konstellationen geschaffen, die es ermöglichten, dass diese Handwerkszeuge sich nun als Buch manifestieren.

Dank weiterhin an meinen Mann, der mir bei manchem Computerproblem zur Seite stand, meiner Freundin Inge, die eine Quelle tiefster Motivation ist, an Jeanne, die das Projekt unermüdlich forciert hat, an Heidi und Markus Schirner, deren Einsatz und Mut, Menschen spirituelle Themen im großen Rahmen nahezubringen, ich bewundere, und mit denen mich seit Jahren ein Verstehen ohne große Worte verbindet, an meine Lektoren Michael Zuch und Heike Wietelmann für ihr tiefgehendes Engagement bei der Betreuung und Umsetzung dieses Projektes, und Dank auch an alle, die auf ihre Weise dazu beigetragen haben, dass dieses Buch jetzt in Ihren Händen liegt.

Weiterführende Literatur

Ascher, Ulrike, *Die Magie der Elemente*, 4 Bde.,
Uhlstädt-Kirchhasel 2008

Banzhaf, Hajo, *Der Mensch in seinen Elementen:
Feuer, Wasser, Luft und Erde; eine ganzheitliche
Charakterkunde*, München 1994

Millman, Dan, *Die Lebenszahl als Lebensweg: wie
wir unsere Lebensbestimmung erkennen und
erfüllen können*, München 2005

Reichstein, Herbert, *Praktisches Lehrbuch der
Kabbala*, Berlin 1961